Después de descubrir a Crist[...]sia que cree en lo sobrenatural y [...]ibe basándose en sus propias experiencias. Escribe con claridad y franqueza sobre la necesidad de lo milagroso en la vida de cada creyente. Muestra al lector cómo experimentar milagros personalmente. Creo que el poder obrador de milagros de Dios será manifestado en su vida mientras lee este práctico informe de cómo se reciben los milagros.

—Pastor J. Don George
Pastor fundador de Calvary Church, Irving, Texas

La Dra. Iris Delgado, escribiendo bajo la inspiración del Espíritu Santo, revela una vez más su capacidad dada por Dios para tender un puente de lo natural a lo sobrenatural. La realidad de los milagros hoy en día es un concepto difícil para muchos. El fundamento escritural unido a la experiencia personal de Iris deja al lector una certeza de que "con Dios todas las cosas son posibles". Recomiendo con entusiasmo este nuevo libro, *Satanás, ¡mi milagro no es tuyo!*

—Dr. Ronald E. Short
Apóstol y maestro, Idabel, Oklahoma

En medio de estos tiempos turbulentos, Díos ha ungido a la Dra. Iris Delgado para escribir de una manera extraordinaria que inspirará, equipará y, lo que es más importante, impartirá principios para recibir sanidad y milagros por medio de la divina inspiración. Este libro es imprescindible para todas las personas que desean andar en el reino sobrenatural del Espíritu Santo en la vida cotidiana.

—Dr. Raúl López (h).
Pastor principal, Casa de Adoración Máxima Alabanza
Vega Baja, Puerto Rico

La Dra. Iris Delgado vive las palabras que ha escrito en esta obra literaria. Este libro sobre el poder sobrenatural de Dios no es solo teoría; ella ha experimentado cada afirmación con una vida consagrada a Jesucristo. Abra su corazón y acepte su exposición de la divina y eficaz Palabra de verdad. La Dra. Delgado le hará saber que Dios nunca es el problema: Él es nuestra *única* respuesta.

—Dr. Duane & Darilyn Bemis
For God's Glory Ministries, Big Spring, Texas

SATANÁS, ¡MI MILAGRO NO ES TUYO!

SATANÁS, ¡MI MILAGRO NO ES TUYO!

IRIS DELGADO

CASA
CREACIÓN

Para vivir la Palabra

Para vivir la Palabra

MANTÉNGANSE ALERTA;
PERMANEZCAN FIRMES EN LA FE;
SEAN VALIENTES Y FUERTES.
—1 Corintios 16:13 (NVI)

Satanás, ¡mi milagro no es tuyo! por Iris Delgado
Publicado por Casa Creación
Miami, Florida
www.casacreacion.com
©2008-2023 Derechos reservados

Library of Congress Control Number: 2012944730
ISBN: 978-1-61638-803-4
E-book: 978-1-62136-108-4

Desarrollo editorial: *Grupo Nivel Uno, Inc.*
Adaptación de diseño interior y portada: *Grupo Nivel Uno, Inc.*

Publicado originalmente en inglés bajo el título:
Satan, You Can't Have My Miracle
Publicado por Charisma House,
Charisma Media Company, Lake Mary, FL 32746 USA
© 2012 Iris Delgado
Todos los derechos reservados.

Impreso en Colombia

23 24 25 26 LBS 9 8 7 6 5 4 3 2 1

Contenido

Dedicatoria

Dedico este libro a todas las personas que necesitan un milagro. Puede ser que usted necesite un milagro por una enfermedad incurable y desoladora, la salvación de alguien a quien ama mucho, la intervención divina en algo que solo Dios puede hacer posible, o que necesite desesperadamente una milagrosa sanidad interior de un trauma recurrente de su pasado o de algo que está ocurriendo en este momento.

También dedico este libro a los millones de hombres, mujeres y jóvenes enfermos y heridos, que han experimentado algún tipo de abuso físico o mental, o una adicción esclavizante, y a usted que todavía está tratando de hacer frente a las circunstancias actuales o a recuerdos persistentes, y lidiando con sus efectos.

Algunos de ustedes pueden tener una enfermedad grave causada por el trauma y el estrés de las dificultades y adversidades de sus relaciones pasadas y presentes. Algunos pueden estar viviendo con una identidad confusa, atrapados en su propio cuerpo.

Dios no hace distinción entre las personas. Los milagros que Él hizo por medio de Jesucristo su Hijo durante su tiempo en la Tierra, también los hará para usted. Yo soy una beneficiaria del milagroso poder de Dios que obra hoy en día, y testigo de muchos milagros y sanidades que realmente han hecho que sea una creyente.

Para usted que necesita un milagro o una sanidad, ruego que el Espíritu Santo le revele la verdad a medida que lee las páginas de este libro, y que también usted sea un beneficiario del milagroso amor de Dios y de su poder sanador.

Introduccion
Milagros y sanidad sobrenaturales

¿Dios lo sigue haciendo hoy?

¿Usted le ha estado pidiendo a Dios un milagro de sanidad, y en cambio, parece que las cosas estuvieran empeorando? ¿Ha experimentado frustración y ansiedad porque ha hecho todo lo que la Palabra dice que debe hacer, pero todavía no puede ver un rayo de esperanza en su situación? ¿Ha estado luchando con la agitación interna, y todo lo que hace parece terminar en un fracaso?

Escribir este libro ha sido un tremendo desafío. El diablo no quiere que el mensaje de milagros, sanidad divina sobrenatural y restauración del alma se haga público. Mi intención es ser precisa, bíblicamente correcta y, al mismo tiempo, transmitir la verdad de que los milagros, la sanidad y la restauración de todo tipo de fortaleza, están disponibles y asequibles hoy en día para todos los que se atreven a creer en Jesucristo, el Mesías.

Yo misma he experimentado muchos milagros, algunos de sanidad de una enfermedad debilitante e incurable, algunos de protección contra accidentes inminentes y robo a mano armada, y otros de sanidad del abuso y del odio.

A lo largo de estas páginas quiero poner al descubierto las mentiras de Satanás que han cegado a muchas personas para que piensen que los milagros son solo para algunos. También quiero edificar su fe a través de testimonios reales de sanidad y milagros que yo misma he presenciado. Usted obtendrá herramientas específicas que le ayudarán a creer en Dios en lo imposible. Aprenderá a orar y confesar la Palabra de Dios para su situación, cómo usar sus armas de guerra espiritual, y cómo liberarse o liberar a otros de cualquier tipo de esclavitud o tormento del pasado.

La información de este libro tiene el propósito de prepararlo a usted para que crea y reciba la milagrosa intervención divina y sanidad de todas las fortalezas demoníacas. Para conocer plenamente a Dios, debemos conocerlo como el sanador. "Porque yo soy Jehová tu sanador" (Éxodo 15:26).

1

El milagro de la transformación del alma

Envió su palabra y los sanó, y los libró de su ruina.

—SALMOS 107:20

La encontré en su cama acurrucada en posición fetal. Su joven cuerpo se lanzaba para adelante y para atrás sin consuelo. Las lágrimas rodaban por sus mejillas hasta una almohada que estaba manchada con rimel, empapada con la agonía de un alma que sufría en silencio. Mi inesperada presencia sobresaltó a esta joven que se incorporó dolorosamente, incapaz de responder a mi pregunta asombrada: "¿Qué ocurre?". Mientras la envolvía suavemente en mis brazos, sentí que su cuerpo vibraba a la vez que una oleada de angustiosa desesperación salía y se desataba desde el fondo de su ser.

Esta preciosa joven, mi primera hija, había estado sufriendo en silencio durante la mayor parte de los dos años de su turbulento matrimonio. Después del divorcio, llevó mucho tiempo reparar el daño infligido a su alma. Dios en su misericordia evitó que sucumbiera a una vida de incertidumbre y miseria. Creo que mis constantes oraciones por mis hijos han sido eficaces y de gran alcance. Ella pasó por un proceso espiritual de sanidad interior. Hoy, años más tarde, mi hija es fuerte, segura de sí misma, y no tiene obstáculos para disfrutar de las promesas de Dios para su vida. Sin el milagro de la intervención divina en que el Espíritu Santo y el hombre participan juntos, mi hija podría haberse convertido en una joven insegura, infeliz e insatisfecha, atormentada por espíritus malignos.

De la opresión a la libertad

No todas las parejas que pasan por el divorcio sanan fácilmente. No todas las personas que han sido abusadas lo superan rápidamente. No todas las personas que atraviesan una quiebra se recuperan. Muchas personas pasan por experiencias trágicas, y algunos por enfermedades desesperantes, por lo que son incapaces de vivir una vida plena. Esta sección trata sobre el milagro de la sanidad y la transformación del alma, la parte de nosotros que clama en silencio y se pregunta: "¿Cómo puedo llegar a ser libre?". Tal vez usted pueda ser uno de los pocos que nunca sienten la opresión del enemigo, pero posiblemente conozca a alguien que está desesperado por experimentar libertad. Oro que el Espíritu Santo nos ayude a entender la urgencia y la enorme necesidad de enseñanza y conocimiento de lo que el enemigo realmente está tramando, y de las cosas que podemos hacer para volver a estar sanos. Dios quiere que disfrutemos de todas las bendiciones del nuevo pacto.

- ¿Se siente usted como si la vida lo dejara de lado y duda de que vaya a mejorar?
- ¿Cómo puede ser sanada una persona deprimida, emocionalmente quebrantada, y abusada?
- ¿Puede una persona realmente ser liberada de los espíritus malignos que la atormentan?
- ¿Qué tipo de poder es este, y cómo puede una persona activarlo?
- ¿Todos los creyentes tienen poder y autoridad sobre todo poder del enemigo?

- ¿Qué pasa con las víctimas? Una vez que aceptan a Cristo, ¿pueden también depender de la autoridad y del poder de Dios para recibir sanidad y restauración?
- ¿Qué pasa con las maldiciones transferidas de un familiar a otro? ¿Pueden ser rotas, y la persona ser liberada?
- ¿Qué hay del aventurarse en el ocultismo? ¿Hacerlo realmente afectará de alguna manera la vida de una persona y su carácter?

Yo creo que cuando una persona nace de nuevo y recibe conocimiento de sus derechos en Cristo Jesús por el nuevo pacto, puede responder *sí* a todas estas preguntas. La Biblia nos revela claramente que a todos los ciudadanos del Reino de los cielos se les ha dado autoridad sobrenatural sobre todo el poder maligno del enemigo: "He aquí os doy potestad de hollar serpientes y escorpiones, y sobre todo fuerza del enemigo, y nada os dañará" (Lucas 10:19). Pero el problema es que demasiados cristianos no saben cómo librarse de los hábitos o situaciones paralizantes en los que han caído por otra persona. No tienen idea de cómo utilizar su autoridad del Reino.

Esta generación ha producido un gran número de adultos, niños y jóvenes que son absolutamente infelices, y que luchan con trastornos emocionales y sueños no cumplidos. Muchos adultos tratan de echarle la culpa a otros, pero creo firmemente que esta generación está siendo moldeada por padres que están demasiado ocupados para darse cuenta de lo que está ocurriendo a su alrededor, por un sistema educativo que ha quitado a Dios y a la oración de su atmósfera, y por un sistema mundano que tiende a la autogratificación instantánea. A través de programas de televisión, entretenimientos mediáticos, juegos, libros de texto, de la tecnología y de las amistades, somos constantemente alimentados con creencias seculares y de la Nueva Era, y con un estilo de vida que desafía todas las leyes del nuevo pacto establecidas por Dios para que el hombre tenga éxito y se multiplique.

Como si eso no fuera suficiente, esta semana, mientras escribo, Satanás ha estado influenciando activamente a gente y a niños para matar y abusar. La CNN News informó que una escuela del área de Los Ángeles fue el centro de un impactante escándalo por abuso de menores después de descubrir que dos profesores abusan de niños inocentes.[1] Muchos de estos niños, sin duda, van a crecer con recuerdos traumáticos, y algunos podrían desarrollar comportamientos irracionales. Situaciones como estas son las que originan arraigadas conductas anómalas en niños, quienes luego se convierten en adultos necesitados de la intervención y transformación divinas.

Después oí en las noticias los extraños detalles del comportamiento de un padre que quemó su casa, matándose a sí mismo y a sus dos hijos, después de la búsqueda de su esposa desaparecida.[2] Este era un padre joven con una familia encantadora y una vida plena por delante, pero con una mente y un alma desordenadas, que incursionó en la pornografía infantil y se expuso a los ataques del enemigo. Todas las áreas de nuestra sociedad se ven afectadas por el pecado y los ataques del enemigo.

La cantidad de pacientes terminales está aumentando, y muchos están siendo enviados a sus casas, porque se han agotado todas las vías de ayuda médica y psiquiátrica. Como en los tiempos del ministerio de Jesús en la tierra, millones de personas desesperadas esperan una unción poderosa que sane a los enfermos y rompa los yugos de esclavitud. Hoy en día tenemos que escuchar las palabras y los mandamientos de Jesús proviniendo del pueblo de Dios, que se abra paso entre las multitudes, ordenando a los espíritus malignos que suelten a la gente, a la enfermedad y a las dolencias que la suelten, a los ojos ciegos y a los oídos sordos que se abran, a la muerte que deje a sus víctimas jóvenes y suicidas, y a la maldición de la pobreza que suelte a las personas. Dios está esperando que tomemos la autoridad sobre todo el poder del enemigo, que Él ya ha delegado a todos los creyentes nacidos de nuevo (Lucas 10:19).

Yo creo que los milagros, señales y prodigios están disponibles para nosotros todos los días, al igual que por la intervención divina se nos proporciona nuestro pan de cada día, todos los días, pero hay un compromiso que debemos asumir. Me gusta la manera en que lo dice Jennifer LeClaire, editora de noticias de *Charisma,* en uno de sus boletines:

> No podemos hacer la parte del Señor; no podemos forzar los milagros, señales y prodigios. Sin embargo, podemos hacer nuestra parte: podemos derribar las fortalezas de nuestra propia alma que nos impiden caminar en la plenitud del Espíritu. Podemos dejar de tolerar los espíritus que nos tientan a pecar. Podemos comenzar a interceder por los santos caídos en lugar de jugar al juez. En otras palabras, podemos empezar a vivir como vivían los santos en el libro de los Hechos: entregados, encendidos, y dispuestos a morir por el evangelio. El avivamiento comienza con usted.
>
> Lo repito, no podemos fabricar milagros. No podemos generar maravillas. Sin embargo, podemos cooperar con el Espíritu Santo para separar lo profano de lo santo en nuestros propios corazones y en nuestras propias mentes. Podemos purificarnos y despojarnos de todo peso que nos detiene. Podemos permitir que el Espíritu de Dios haga una obra profunda en nosotros y pueda, entonces, obrar grandemente a través de nosotros. El avivamiento comienza con usted y conmigo.[3]

Hoy somos testigos de un crecimiento sin precedentes en muchas iglesias, las cuales se llenan de nuevos convertidos que esperan con avidez que se manifiesten la unción y el poder de Dios después de oír los mensajes del poder milagroso de Dios para sanar y liberar a las personas de la pobreza y de la potestad de Satanás. ¿Qué sucede entonces? ¿Dónde están los llamados al altar? ¿Dónde están los obreros ungidos del altar, listos para echar fuera demonios y ordenar que la enfermedad, las dolencias, y el quebrantamiento suelten a las personas enfermas, agobiadas y desesperadas? En cambio, la música vuelve a sonar, es necesario hacer los anuncios, y se les dice a las personas que los altares están abiertos para la oración después de que el servicio haya finalizado.

¿Dónde está el poder de Dios para liberar a los cautivos? Hay muchas iglesias llenas del Espíritu que enseñan a la gente cómo ser libre. Pero muchos son buscadores de congregaciones amigables con mensajes maravillosos, pero sin señales, ni prodigios ni milagros que sigan a la Palabra de Dios. La gente sale sintiéndose renovada, pero con los mismos problemas y obstáculos insoportables. Nos falta la parte más importante del evangelio: sanar a los enfermos, abrir los ojos a los ciegos, y libertar a los presos de la oscuridad y la opresión espiritual (Isaías 42:7). Dios ya ha hecho provisión al darnos un Salvador, Jesucristo.

El enemigo está trabajando horas extras. Él sabe que su tiempo es corto, porque Dios está alineando todo para dar la bienvenida a su novia en el Reino de los cielos. El pueblo de Dios es la novia de Cristo, y debemos limpiarnos y prepararnos para este magnífico evento. Hay demasiadas personas que están sufriendo hoy. Cada familia ha sido afectada por la economía inestable y endeudada, por la pérdida de empleos, de viviendas, de pensiones y jubilaciones, del seguro médico, y por el aumento de los divorcios y la ruptura de hogares. Toda esta inestabilidad está causando desesperación y un alto nivel de conflicto en muchos hogares. Los niños se esconden en su mundo cibernético, y muchos están experimentando trastornos de ansiedad.

Nunca hemos visto un tiempo como este. Nuestro mundo, tal como lo conocemos, pronto dejará de existir. Un sistema mundial único se está desarrollando con rapidez, y ya está en ciernes una sociedad socialista. Es necesario que el pueblo de Dios se concientice y crea que Dios tiene un plan superior, y que, además ¡Él tiene la última palabra! El justo por la fe vivirá. Tenemos que consagrar nuestras vidas para vivir una vida santa y creer que Dios nos está cuidando activamente. No vamos a fracasar, ni sucumbir, ni morir de inanición, ni arreglárnoslas como podamos. Dios ha prometido que nos mantendrá y nos sostendrá todos los días de nuestras vidas. Debemos creerlo.

Necesitamos una nueva visión

Hoy la iglesia necesita una nueva visión de lo que el Espíritu Santo siempre ha deseado hacer por medio de su pueblo. No podemos seguir siendo independientes del Espíritu de Dios, haciendo la obra del ministerio con el brazo de la carne. Es necesario que tengamos una total dependencia del Espíritu Santo, si queremos ver manifestaciones radicales de sanidades y liberaciones milagrosas.

Me encanta la forma en que F. F. Bosworth explica este tema en su libro, *Cristo el Sanador*, publicado en 1924:

La era en que vivimos fue preparada por nuestro Padre celestial para ser la más milagrosa de todas las dispensaciones. Es la era del Hacedor de Milagros; la dispensación del Espíritu Santo. Durante esta era la gran promesa es que Dios derramará el Espíritu Santo, el Hacedor de Milagros, sobre toda carne. Esta es la única era en que el Hacedor de Milagros se encarnará en nosotros. Esta es la única era en la que los nueve dones del Espíritu, entre ellos los dones de fe, sanidades y milagros, serían distribuidos a cada uno individualmente como Él, el Espíritu Santo, dispusiera. Jesús declaró que las obras que Él hizo continuarían y que aun "obras mayores", serían realizadas por el Espíritu Santo, el Hacedor de Milagros. Esto fue después de que Él tomara su oficio durante la exaltación de Cristo. Esta es la dispensación del Espíritu.[4]

¡Vaya! Me encanta esta confirmación.

Las cosas que usted lee en este libro tienen el propósito de llevar sentido común, entendimiento y sanidad divina, especialmente a las personas que están pasando por pruebas y tribulaciones. No está pensado como un profundo discurso teológico o una disertación intelectual. Mi deseo es enseñar el ABC del milagroso poder de Dios para sanar, que reside en todos los creyentes en Cristo Jesús. Esta es la extraordinaria verdad e información de la que mucha gente de esta generación carece o a la que malinterpreta. Sí, me doy cuenta de que hay mucha información disponible sobre este tema, pero esta presentación es fácil de entender y con información útil para que usted la ponga en práctica. Estos principios van a cambiar su vida para siempre si usted los comprende y toma seriamente este consejo.

Hay inquietud y agitación en el reino espiritual. Dios está llamando a sus ministros a asumir su responsabilidad. Estamos empezando a ver hambre y sed de la verdad y la transparencia entre los jóvenes de todas partes. Están cansados de la hipocresía, porque cada vez que ponen sus ojos en un héroe cristiano, este puede ser el que caiga en la tentación dejando desolados a su familia y a sus seguidores. La misericordia de Dios se extiende a las personas que sufren ahora. Debemos aprovechar esta ventana de oportunidad y tomar medidas inmediatas para restaurar lo que el enemigo ha robado.

¿Qué tiene que ver todo esto con lo milagroso? ¡Todo! Dios espera pacientemente para derramar el bálsamo su amor y sanidad, y para restaurar a las personas heridas y quebrantadas. Sin sanidad y transformación del espíritu, alma y cuerpo, no podemos esperar vivir en paz y amor incondicional. El conocimiento y la comprensión son los primeros pasos para la sanidad de las emociones dañadas.

¿Tratamiento temporal o sanidad?

Las técnicas y terapias tienen su lugar en el proceso de sanidad del hombre interior, pero si solamente se enfatizan los tratamientos sin el poder de Cristo Jesús para sanar, transformar y liberar al hombre, será solo eso, un tratamiento que puede dar resultados o no.

La sanidad en lo más profundo del hombre es un proceso milagroso que solo Dios, por medio de su Espíritu Santo, puede manifestar. El hombre puede ayudar a que una persona se normalice y sugerir muchas cosas que son útiles y beneficiosas, pero solo Dios puede sanar. Cuando Dios sana, el hombre no tiene que seguir lidiando con eso durante el resto de su vida, sino que se convierte en una persona libre: libre del pasado, de la culpa y de la condenación, y libre de sus temores. Las cicatrices pueden persistir, pero Dios sana las heridas. Y, al igual que Jesús, que lleva sus cicatrices como testimonio del poder libertador de Dios, también todos nosotros tenemos cicatrices que se convierten en nuestro testimonio de sanidad para ayudar a otros en situaciones similares.

El poder transformador de Cristo es completo, liberando al hombre de las ataduras emocionales, del pasado, del abuso, de las ofensas e injusticias. Se centra en las raíces de los problemas sin ahondar en todos los pequeños detalles, sin hipnosis ni imaginarios viajes *allá lejos*.

Un encuentro con el poder liberador de Cristo es impactante y espectacular, y sana el alma del hombre, dejando tras de sí un dulce aroma y avanzando hacia un comienzo totalmente nuevo.

Si usted tiene una carga de ropa para lavar, solo tiene que ponerla en la lavadora, agregar el detergente, ajustar el dial, y dejar que se lave hasta que termine. Usted no extiende la ropa, investiga cada pequeña puntada, mancha, y botón, y luego tratar de decidir si se reducirán o desaparecerán. No, usted tiene la seguridad de que la lavadora va a limpiar la ropa sin romperla ni decolorarla.

Podemos confiar en Dios que nos creó a su imagen, porque Él nos puede liberar sin rompernos ni hacernos sufrir otra vez el dolor de todo el pasado con el fin de facilitar nuestra recuperación. Una vez que una persona recibe ministración y vuelve a sentirse libre, en su interior se despierta un deseo de obedecer a Dios y servirle. Comienza a experimentar una sensación de bienestar, más energía y una mejor disposición. El miedo se va de esa persona, y el deseo de ser positiva toma su lugar. De repente, es capaz de hacer efectivamente las cosas que antes no podía y no tenía deseos de hacer. Un nuevo nivel de entendimiento y el deseo de la Palabra de Dios comienzan a desplegarse mientras la persona sigue caminando en su libertad.

Para disfrutar realmente de la vida en plenitud, libre de un pecado esclavizante o de un patrón establecido de pensamiento negativo y atemorizante, debemos comprender el papel que juegan nuestro espíritu, alma y cuerpo en la restauración y sanidad de nuestro ser. También debemos entender que tenemos un enemigo que constantemente busca destruir nuestra fe. Si el enemigo puede robar su fe, también conquistará su alma.

¿Cuál es el papel de su espíritu?

El *espíritu* es la fuerza vital de una persona. Es el ámbito donde se hallan su voluntad, su disposición, sus sentimientos, fuerza, entusiasmo, actitud, lealtad, influencia, sentido, la perspectiva de la vida, y sus estados de ánimo.

Nuestro espíritu es el área donde se realizan la percepción, las visiones y sueños, y el descubrimiento de la revelación y el conocimiento de Dios. El espíritu es la parte más profunda de nuestro ser. Es el área donde aprendemos a discernir la verdad de Dios y las mentiras del diablo.

El Espíritu Santo de Dios en nuestro espíritu nos enseñará sabiduría: el buen sentido, la sabia toma de decisiones, y la comprensión. Nos enseñará conocimiento: la información específica, los hechos y los datos. También nos enseñará entendimiento: la interpretación, la comprensión y la capacidad para entender. La Biblia menciona espíritus diferentes, muchos de las cuales son un obstáculo para los cristianos que luchan con los conflictos internos y el quebrantamiento. A medida que usted lea esta lista en oración, pídale al Espíritu Santo que le muestre y le ayude a entender si alguno de estos espíritus se han convertido en una fortaleza, que permite la influencia de espíritus demoníacos sobre algún área de su vida.

- *Espíritu de angustia* (atormentado, sufriente, con dolor, afligido, ansioso, desesperado): Job 7:11.
- *Espíritu quebrado* (inoperante, golpeado, fragmentado, destrozado, enfermo, debilitado): Job 17:1.
- *Espíritu compulsivo* (convincente, persuasivo y cautivador, reteniendo la atención): Job 32:18.
- *Espíritu de engaño* (engañoso, mentiroso, fraudulento, deshonesto, ilusorio, simulador, falso): 1 Timoteo 4:1.
- *Espíritu de sueño profundo* (sueño profundo, inactivo, pospone las decisiones, absorto): Isaías 29:10.
- *Espíritu de aflicción* (inestable, preocupado, estresado, doloroso, miserable): 1 Samuel 16:14-16.
- *Espíritu extraviado* (rebelde, pecador, delincuente, antisocial, infractor, negligente): Isaías 29:24.
- *Espíritu de error* (falsa doctrina, falsa suposición): 1 Juan 4:6.
- *Espíritu de fracaso* (deteriorado, debilitado, agonizante, decadente, incompetente): Salmo 143:7.
- *Espíritu de temor* (pavor, terror, ansiedad, preocupación, angustia, ataques de pánico, aprensión): 2 Timoteo 1:7.

- *Espíritu quebrantado* (herido, dolido, lamentable, entristecido, angustiado, dolor intenso): Isaías 65:14.
- *Un espíritu endurecido y obstinado* (terco, se niega al cambio, difícil de controlar, testarudo): Deuteronomio 2:30.
- *Altivez de espíritu* (orgulloso, arrogante, engreído, vanidoso): Proverbios 16:18.
- *Espíritu de pesadumbre* (necesita fuerza, requiere concentración, persistente, opresivo): Isaías 61:3.
- *Espíritu humano* (nuestra carne): Ezequiel 13:3.
- *Espíritu de mala voluntad* (cruel, dañino, desagradable, severo, cruel): Jueces 9:23.
- *Espíritu de celos* (envidia, sospecha, desconfianza, actitud posesiva): Números 5:14.
- *Espíritu desalentado* (abrumado emocionalmente, asediado, dominado, devastado): Salmo 142:3.
- *Espíritu perverso* (obstinado, testarudo, terco, irracional, deliberado, malicioso): Isaías 19:14.
- *Espíritu envenenado* (desilusionado, contaminado, infectado, tóxico, influencia negativa): Job 6:4.
- *Espíritu atribulado* (lastimero, angustiado, descontento, triste, tóxico, lamentable, preocupado): 1 Samuel 1:15.
- *Espíritu de resentimiento* (hostil, aburrido, mal humorado, enojado, lúgubre, deprimido): 1 Reyes 21:5.
- *Espíritu contrario a Dios* (contrario, opuesto, conflicto, en competencia con): Job 15:13.
- *Espíritu infiel* (desleal, falso, mentiroso, adúltero, infiel): Salmos 78:8.
- *Espíritu rebelde* (escandaloso, perturbador, desordenado, desobediente, incontrolable): Proverbios 25:28.
- *Espíritu inmundo* (impuro, contaminado, sucio, lascivo, inmoral, adúltero): Mateo 10:1.

Cualquiera de estos espíritus puede mantener deprimida, temerosa, inestable y sin fruto a una persona. Será beneficioso para usted hacer un estudio de las referencias escriturales a estos espíritus y buscar al Espíritu Santo para ver si hay espíritus obrando dentro de usted que pudieran ser la causa de los obstáculos y de la falta de paz y gozo en su vida.

El espíritu de una persona es susceptible y puede ser dañado. El trauma, el abuso, la negligencia, la incertidumbre y el sufrimiento intenso pueden quebrar el espíritu de la persona y causarle inestabilidad. Algunas de estas circunstancias adversas, en el curso de la vida de una persona, pueden ocasionar la entrada de espíritus malignos, desaliento, y deseos incontrolables.

La falta de dominio propio

La persona que carece de control sobre su propio espíritu tiene problemas para mantener una vida normal y productiva y es tentada fácilmente a relaciones inmorales y a la impulsividad. La falta de dominio propio también puede hacer que una persona se vuelva desorganizada y dispersa, irascible, fácilmente irritable, e incapaz de ver o disfrutar de su potencial y de sus habilidades dados por Dios.

Resultados del quebrantamiento en el espíritu humano

El sufrimiento es un gran problema hoy en día. Mire bien a su alrededor, y rápidamente notará la ansiedad, la preocupación, los ataques de pánico, la depresión y todo tipo de situaciones agobiantes que afectan a cristianos y a personas que sirven a otros dioses.

Las experiencias traumáticas, la aflicción, la angustia, el abandono y la separación pueden afectar negativamente al espíritu humano. Solo en la presencia de Dios podemos encontrar sanidad y consuelo. El Espíritu Santo está dispuesto a sanar nuestras heridas y puede hacerlo. Nada está demasiado dañado ni es imposible de sanar por la sangre de Jesús. El precio ya ha sido pagado en el Calvario.

El *trauma* se define como un shock, alteración, perturbación, suplicio, sufrimiento, dolor, angustia, daño, y una impresión negativa fuerte y duradera. Su efecto puede ser visto como recuerdos recurrentes, amargura, miedo, ansiedad, una sensación de inutilidad y de miseria. La persona traumatizada está muy necesitada, y desea sinceramente la sanidad y la restauración, y a veces puede volver a su infancia. Solo en la presencia de Dios puede ser sanado un espíritu quebrantado. Será necesario que la persona obtenga ayuda de un guerrero de oración maduro que pueda hacer una poderosa oración de sanidad y liberación, haciendo libre a la persona. Esta entonces debe seguir una oración guiada de liberación y purificación, y un proceso enseñanza, asunción de responsabilidad, y discipulado. Recibir liberación es un proceso que cambia la vida: si es realizado correctamente y por siervos de Dios entendidos, hará libres a los cautivos.

Una persona gravemente traumatizada debería recibir ayuda espiritual de un consejero preparado. He orado por muchas personas quebrantadas y he visto impactantes resultados de liberación y sanidad por el poder del Dios Todopoderoso en el nombre de Jesús. No recomiendo, ni jamás he practicado, el tratar de recuperar todos los recuerdos perdidos o excavar en todos los pequeños detalles del trauma, o el resucitar al niño interior para obtener nuevas pruebas. Usted encontrará modelos de oración y declaraciones útiles y poderosas al final de cada una de las secciones de este libro.

¿Qué papel juega el alma en la vida de una persona?

El *alma* es el ámbito de la voluntad, los sentimientos, las emociones y la percepción espiritual. Es el área donde surge la esencia de los asuntos del corazón y donde se determinan las acciones de la persona. Es en este ámbito que la Biblia dice que se originan y emergen los problemas de la vida: "Sobre toda cosa guardada, guarda tu corazón; porque de él mana la vida" (Proverbios 4:23).

El alma es como un depósito de emociones positivas y negativas. El alma almacena emociones negativas, algunas provocadas por heridas causadas por nuestras propias decisiones y errores, y algunas causadas por otras personas que amamos. Mucha gente puede no ser consciente de la fuente de su tormento.

Prisiones personales

Considero una *prisión espiritual personal* a cualquier cosa negativa del alma que impide que la persona disfrute plenamente de la salvación. Hay muchas razones por las que las emociones negativas pueden mantener a una persona luchando por su libertad:

- La infidelidad de un cónyuge.
- Circunstancias desafortunadas o acontecimientos tales como la muerte de un ser querido, el divorcio, una gran pérdida o decepción, o un suceso trágico.
- El rechazo desde el vientre provocado por una madre que estaba enojada, que no deseaba tener un hijo en ese momento, o que intentó abortar sin éxito.
- Dar a un niño en adopción, o una semilla de rechazo sembrada ya sea desde el seno materno o desde muy pequeño.
- El abuso mental en forma de rechazo personal y ridiculización.
- El abuso sexual, el incesto y abusos deshonestos causados por un ser querido, un familiar o un desconocido, que ahora se ha convertido en un hábito promiscuo o en confusión de la identidad de género.

- Una herida profunda causada por palabras que nunca fueron perdonadas.
- Un ritual satánico en el que una persona o un niño son implicados en una promesa o sacrificio.
- Maldiciones transmitidas en la familia por votos específicos, juramentos y participación en sociedades secretas. Maldiciones transmitidas a través de la participación en sesiones de espiritismo, brujería, quiromancia, involucramiento mediúmnico con demonios, orgías sexuales, maldiciones pronunciadas por un padre o un enemigo, juegos de mesa demoníacos.
- Posesión de amuletos y abalorios, joyas, anillos de sello, colgantes de buena suerte, estatuas de otros dioses, libros y obras de arte de origen demoníaco de países extranjeros, *souvenirs* religiosos, bellas biblias y libros de sociedades secretas transmitidos de una generación a la siguiente.

Intrusión de un espíritu maligno en la casa

Esto me recuerda un pequeño *souvenir* que mi esposo trajo a casa cuando estuvo con el ejército en Vietnam. Era una pequeña caja de madera, de una pulgada por una pulgada, olvidada y guardada en uno de los cajones de la cómoda de mi marido. Un hombre de Dios visitó nuestra casa, y mientras oraba para bendecir nuestro hogar, el Espíritu Santo le reveló que teníamos en la casa algo que había invitado a espíritus malignos a que entraran y salieran a su antojo. Nos miramos unos a otros con asombro, incapaces de imaginar lo que podría ser. Él oró de nuevo y entró en nuestra habitación, abrió el cajón específico, y sacó la cajita de madera. Cuando la abrió, dejó al descubierto una diminuta y meticulosa talla de marfil del dios Buda sentado en el centro de medio carozo de durazno que le daba la apariencia de un trono. Nos sorprendió que el Espíritu Santo descubriera y prestara atención a una cosa tan pequeña.

El verdadero problema no es cuán grande, pequeño u olvidado pueda ser el artículo. Como explicó el hombre de Dios, todo lo que representa otra deidad o falso dios que sea permitido en nuestra casa, nuestra alma y nuestro espacio, tiene el poder de invadir y perturbar nuestra atmósfera, nuestros pensamientos, y, sí, incluso nuestros sentimientos y emociones. Todo lo que es un ídolo o representa a un demonio, o se utiliza para sustituir al Dios vivo y verdadero mediante reconocimiento o adoración, es una abominación para Dios. Las palabras que salieron de su boca mientras miraba la diminuta talla del dios falso fueron: "Sus pies están en el suelo y la cabeza en las nubes". En otras palabras, este falso dios tiene mucho poder para perturbar la vida de una persona. Es un enemigo y está en oposición al Dios vivo, y es un enemigo del pueblo de Dios.

Gran cantidad de cristianos, incluida yo misma, podemos ser ignorantes de muchas cosas que traemos a nuestros hogares y muchas cosas transmitidas por nuestros antepasados. Pero otro pensamiento atravesó mi mente… ¿a qué le estamos permitiendo que invada nuestra atmósfera y nuestros hogares hoy en día? Este es el moderno mundo global de alta tecnología, en que tenemos acceso a todo lo posible. Podemos pedir casi cualquier cosa a eBay, Craigslist, o Amazon. Todo lo que usted quiera saber está disponible al alcance de la mano con un solo golpe de tecla. Por lo tanto, a la lista de arriba, voy a tener que agregar muchas cosas que nosotros los cristianos permitimos hoy en nuestras vidas, que son inaceptables y abominables a los ojos de Dios. Quizás usted puede pensar en alguna que me falte mencionar.

Las cosas impuras atraen a los espíritus impuros

Películas sucias, reality shows permisivos, videos y juegos que presentan violencia, pornografía, lenguaje obsceno, infidelidad, gente desesperada, lujuria, novelas románticas inmundas, abuso infantil, bisexualidad, etc. *¡Ouuuch!* "Pero… ¡todo el mundo lo hace!" Solo estos temas, sin entrar en todas las otras cosas en que incursionan los cristianos, constituyen una de las respuestas o razones por las que tenemos un porcentaje tan alto de niños y adolescentes rebeldes, infidelidad desenfrenada, divorcio y personas emocionalmente tensas y deprimidas. Necesitaría un libro entero solo para tratar este tema tabú, extralimitado, y socialmente aceptable y tolerable.

Realmente quiero advertir al pueblo de Dios, como una madre espiritual, que viene el tiempo de la rendición de cuentas cuando Dios separe a las ovejas de las cabras (Mateo 25:31-33). Dios está obligado por su Palabra, y no puede bendecir la impiedad. El tiempo es ahora, aquí, cuando con nuestros propios ojos veremos extenderse la mano misericordiosa de Dios a todo aquel que se atreva a abandonar la iniquidad, y amar a Dios y a otros con un corazón limpio y puro. Los creyentes que conocen la verdad y le dan la espalda por satisfacer los deseos de su carne ya están viendo una disminución en su efectividad y en su sustancia.

Los espíritus inmundos y persistentes de cualquiera de las cuestiones antes mencionadas pueden mantener a una persona prisionera e inestable hasta que esta reconozca de dónde provienen los ataques y las emociones irracionales. Tan pronto como la persona toma medidas para limpiar la casa y desplazar y llevar cautivas a todas las fortalezas demoníacas en el nombre de Jesús, todos los espíritus inmundos que persisten y estorban *deben* dejar al creyente. Una paz reconocible toma el control. El deseo de mantenerse limpio y hacer cambios se convierte en una prioridad. La necesidad de mantener la mente ocupada con la Palabra de Dios y con pensamientos puros es fundamental e imprescindible para obtener la sanidad completa.

Su *prisión* personal puede ser una de las mencionadas anteriormente u otra cosa que sigue arraigada en el centro de su ser. Su *prisión* puede ser que haya sido privado de sus hijos, su respeto y su honor, su lugar en su casa, o su valor. Tal vez usted esté enojado todo el tiempo, despotricando, insultando y maldiciendo todo lo que se siente obligado a hacer. Considero una prisión espiritual a cualquier cosa que una persona ha sufrido o está sufriendo, que sigue siendo una fuente de preocupación y angustia, y, muchas veces, de tormento.

Saca mi alma de la cárcel, para que alabe tu nombre;
me rodearán los justos, porque tú me serás propicio.

—Salmos 142:7

Tal vez usted se encuentra aprisionado entre la *espada y la pared*: un lugar miserable y difícil de continuo hostigamiento. Su vida no es lo que deseó ni imaginó. Sus sueños de un matrimonio maravilloso y niños buenos son ahora un *collage* de incertidumbre y desolación. Usted no se ha ido porque no tiene adónde ir ni dinero para vivir por su cuenta, o tal vez sus fuertes y profundas convicciones religiosas lo tienen sin posibilidad de volver atrás. Tal vez tiene todo lo que necesita: una casa maravillosa, coche, ropa, un montón de cosas, pero no tiene libertad para disfrutarlo. Su cónyuge es celoso y desconfiado todo el tiempo. Usted no tiene vida propia, y no está contento. Sinceramente, oro para que usted experimente la salud y la sanidad a medida que aplica los principios y las oraciones de este libro.

Espíritus de ira, de odio, de resentimiento y de condenación

El rey David dijo: "El corazón alegre constituye buen remedio; mas el espíritu triste seca los huesos" (Proverbios 17:22).

Su mente e intelecto pueden tener una influencia intensa y profunda en el espíritu y el cuerpo físico. Su mente (pensamientos y recuerdos) también afectará su conocimiento espiritual y su calidad de vida en general. La mente, el cuerpo y el espíritu están conectados entre sí de una manera única. Cuando uno es afectado, todos son afectados. Podemos vivir un estilo de vida saludable y llevar a cabo nuestras labores espirituales, pero si la mente no está funcionando bien, con el tiempo la persona puede sufrir una crisis nerviosa.

Recuerdo cuando yo estaba en mi propia prisión de odio y falta de perdón. Odiaba tanto a mi padre que todos los días deseaba que muriera. Durante muchos años después del abuso infantil que experimenté, me lo imaginaba muerto en un accidente de auto. Perdonarlo estaba totalmente fuera de consideración. Pocos años después de casarme, recibí valiosa enseñanza acerca de la sanidad y transformación del alma. Aprendí que el odio es una fortaleza que me mantendría en la cárcel tanto tiempo como yo lo permitiera. También aprendí que si dejaba que Dios sanara mi corazón, tendría la capacidad de perdonar a mi padre. Me di cuenta de que era una prisionera, y yo deseaba ser realmente libre. Cuando finalmente entregué mi vida y mis cargas a Dios, y dije una oración pidiendo a Dios que perdonara a mi padre y me perdonara a mí por odiarlo, experimenté una profunda liberación y una sensación de bienestar. ¡Salí de la cárcel! A partir de entonces fui diferente. El cambio y la transformación sanaron mis emociones y abrieron las puertas de bendición, no solo para mí sino también para mi familia.

Los pensamientos y las palabras son poderosos. Cuando salen de su boca, tienen acción en ellos, para bien o para mal. Cuando mi padre maldijo a mi madre y amenazó con asesinarnos a ella y a sus hijos, soltó en la atmósfera poderosas palabras malignas. Satanás las escuchó, y Dios las escuchó. Mamá tenía poder con Dios. Ella es una guerrera de oración, una mujer de Dios. Ese mismo día, un coche atropelló a mi padre al cruzar la calle. Él quedó cuadripléjico durante catorce años antes de morir. Papá tuvo todas las oportunidades de entregar su vida a Dios y recibir la sanidad de su alma y de su espíritu, pero rechazó la sanidad. Un alma que no se rinde está expuesta a toda clase de espíritus malignos.

La acción rápida es necesaria para recibir restauración y purificación de los espíritus inmundos de ira, odio, resentimiento y condenación; de lo contrario van a hacer morada en el alma y harán que las emociones destructivas impidan su caminar con Dios. La liberación de esos espíritus hará que la sanidad física y mental comiencen su obra de restauración. Si no se los trata, estos espíritus son la causa de muchos trastornos de conducta, emocionales y físicos tales como depresión, estrés, frustración, ansiedad, ataques de pánico, fobias, crisis nerviosas, y enfermedades.

Muchos otros trastornos emocionales, tales como adicciones a juegos de azar, codependencia y obsesión compulsiva, infelicidad, abandono, trastornos alimenticios, compras compulsivas y adicción al sexo y la pornografía, pueden ser fomentados por los espíritus malignos que mantienen obsesionada a la persona. Hay mucha investigación que confirma que el estrés emocional, una vez desenfrenado, puede causar enfermedades, incluyendo cáncer y enfermedades del sistema inmunológico.

Salir de una prisión espiritual

Muchas personas andan por la vida con una máscara, dando impresión de éxito, cuando en realidad los muros del espíritu humano están derribados. Algunos pueden haber intentado ya muchas cosas para mejorar, y como la mujer de la Biblia que tenía el problema de la sangre, siguen sufriendo. La única manera de recibir la sanidad duradera está en la presencia de Dios. La sangre de Jesús ya ha comprado nuestra salvación y nuestra sanidad. Lea las escrituras y haga las oraciones que están al final de esta sección. *¡La sanidad de su alma es algo que Dios quiere hacer ya mismo!*

Una vez que una persona sabe en su corazón que ha sido restaurada y renovada y que se le quitó un peso, ha salido de la prisión espiritual. En este punto, dependiendo de la profundidad de la crisis y el sufrimiento experimentado por la persona que recibe la sanidad, el proceso de santificación debe comenzar junto con la formación bíblica para la transformación del carácter. Si es necesario, busque ayuda de un ministro consejero cristiano entendido y ungido con experiencia en el área de la liberación de malos espíritus.

Si el consejo profesional es necesario, la persona nunca debe sentirse controlada ni intimidada por su consejero. He visto varios casos en que la persona experimentaba terror y ataques de pánico cuando el consejero tenía que salir de viaje o de vacaciones. La idea de la separación del consejero causaba que el miedo y la desesperación se acumularan en el aconsejado. Esa definitivamente no es la forma en que el Espíritu Santo sana a una persona. El milagro en todo esto es que la presencia de Dios es el agente invisible que derrama la sanidad en el alma quebrantada. El agua viva de Dios comienza la purificación inmediatamente.

¿Qué papel desempeña el cuerpo en el ámbito espiritual?

El cuerpo es la forma física de un ser humano. Se trata del recipiente donde residen el espíritu y el alma. Si el cuerpo está siempre cansado, enfermo, con demasiadas obligaciones, aletargado y desnutrido, es muy difícil para el espíritu (el ámbito de su voluntad y su alma y el área de los sentimientos y de las cuestiones del corazón), prestar atención o desear servir a un Dios a quien usted no puede ver. Y mucho más, desear hacer lo correcto.

Debemos cuidar nuestro cuerpo o nos hará más débiles y nos quitará la alegría de vivir.

Un cuerpo débil y desnutrido no solo tendrá dificultades para disfrutar y prestar atención a las cosas del espíritu de Dios, sino que también le resultará difícil o imposible repeler los ataques del enemigo.

La sanidad y el cambio radicales solo pueden obtenerse por medio de la gracia salvadora de Jesús. Podemos ayudar a la gente, animándola a arrepentirse y a confesar sus pecados. Podemos enseñarles el perdón y la libertad de vivir una vida sin culpa y sin vergüenza. Podemos ayudarles mediante el aconsejamiento y diferentes tipos de terapias psiquiátricas, pero a menos que tenga lugar la sobrenatural intervención divina, solo será una solución temporal.

Una vez que la persona acepta el nuevo nacimiento en Cristo Jesús y recibe el discipulado y entendimiento del capítulo 6 de Romanos, el Espíritu Santo hace la obra de restauración en ella. Cuanto más entendimiento y práctica reciba una persona sobre el proceso de santificación y abandono de la vieja personalidad y la vieja naturaleza, más fuerte, saludable y contenta se volverá.

Jesús vino a restaurar a hombres y mujeres creados a su imagen, del pecado, de la enfermedad y de los quebrantamientos de corazón. El pecado no declarado ni confesado mantendrá siempre a la persona bajo una inmensa carga de dolor emocional. Demasiadas personas heridas están tan concentradas en sí mismas que son incapaces de ver al Padre Dios que espera sanarlos milagrosamente.

El don del arrepentimiento y el perdón

El arrepentimiento y el perdón son dos dones especiales que Dios ha puesto a nuestro alcance para quebrar el poder de Satanás sobre nosotros. El pecado es una trampa mortal que esclaviza y quita la vida de su víctima. Es una muerte lenta. Cuando me arrepiento de todas las cosas que conscientemente sé que no agradan a Dios, y perdono y recibo perdón, debo creer en lo profundo de mi corazón que Dios me acepta como su hija y que instantáneamente me convierte en limpia y aceptada por el Padre como propia. Debo decidirme a crecer y a seguir adelante con mi vida.

La transformación interior del alma es un proceso paso a paso. La persona no tiene que traer a memoria cada mínimo detalle de su pasado y todas las cosas malas que ocurrieron. Dios estableció el arrepentimiento y el perdón como el proceso necesario para la sanidad del espíritu, el alma y el cuerpo.

Dios sabía que sin establecer estas dos prioridades, una persona estaría siempre espiritualmente discapacitada.

El discipulado y la recuperación

Me resulta interesante que muchos de los cristianos aprendan fácilmente de valientes hombres y mujeres de Dios a hacer declaraciones positivas, a decretar abundancia y prosperidad, y a hacer votos y promesas con sacrificio para sellar sus confesiones y palabras proféticas, pero se olviden de buscar ayuda para la sanidad de sus trastornos emocionales y espirituales. Esto también, creo yo, no es tanto su culpa, sino de la falta de discipulado y entendimiento en esta área.

Mi iglesia, Calvary Church de Irving, Texas, tiene un maravilloso programa Celebremos la Recuperación. Yo creo que cada iglesia debe ofrecer clases para la restauración del alma. Muchísimas personas están llegando al cristianismo buscando salvación y ayuda por una vida de abuso y crisis, y no están recibiendo la enseñanza y la orientación suficientes para restaurar lo que el enemigo, la ignorancia y las maldiciones les han robado.

Una visita a la iglesia los domingos, un ocasional concierto inspiracional, o escuchar a un especial orador motivacional, no hará la obra del Espíritu Santo en el corazón de alguien que realmente necesita ayuda para ser sano del trauma emocional que tanta gente arrastra permanentemente.

Para recibir sanidad, una persona debe creer en su corazón que Dios realmente la ama. El amor de Dios es sanador. Satanás obtiene poder sobre un corazón desprotegido influenciando la mente de sus seguidores. El amor incondicional de Dios es capaz de restablecer todo lo que Satanás ha pervertido, y está dispuesto a hacerlo. Cristo Jesús pagó el precio para redimirnos de la maldición de la muerte espiritual y para intercambiar un corazón quebrantado por uno nuevo. (Vea Ezequiel 11:19; 18:31; 36:26; 2 Corintios 3:3).

¡Cierre la puerta!

La Palabra de Dios revela la verdad. La sanidad de nuestros cuerpos depende de la sanidad de nuestras almas. Estudios realizados por profesionales de la salud concluyen que la falta de perdón, el resentimiento, el odio y la amargura pueden causar muchas enfermedades. Las actitudes negativas, ya sea en la mente o en las emociones, pueden abrir una puerta y dar derecho al diablo para atacar nuestros cuerpos físicos (Efesios 4:26-27). Una vez que la persona obedece a Dios y perdona a quienes la han herido, le resulta más fácil recibir y mantener la sanidad: todo comienza en el alma. El apóstol Juan escribió: "Amado, yo deseo que tú seas prosperado en todas las cosas y que tengas salud, así como prospera tu alma" (3 Juan 2).

Instrucciones y oraciones para recibir sanidad del alma y transformación

Cuando la verdad penetra en nuestros pensamientos, la fe se manifiesta en nuestro espíritu. La fe libera el poder de Dios para sanar y restaurar nuestras almas.

Vaya a un lugar secreto. Prepárese para desnudar su corazón y entregarse a Dios. Sea transparente. No tenga miedo. Diga: "En el nombre de Jesús, ¡echo fuera de mi corazón al miedo!"

Ahora haga esta oración:

Padre Celestial: me entrego a ti ahora mismo. Reconozco que necesito tu ayuda. Lo he echado todo a perder en muchos sentidos, y me arrepiento de toda desobediencia y de todo acto de mi voluntad que me han sacado de tu protección y de tus bendiciones. Te pido perdón humildemente. Límpiame ahora y renueva un espíritu recto dentro de mí. Gracias, Padre Dios, por transformar mi alma y tener misericordia de mí.

Pero si andamos en luz, como él está en luz, tenemos comunión unos con otros, y la sangre de Jesucristo su Hijo nos limpia de todo pecado. Si decimos que no tenemos pecado, nos engañamos y la verdad no está en nosotros. Si confesamos nuestros pecados, él es fiel y justo para perdonar nuestros pecados y limpiarnos de toda maldad.

—1 Juan 1: 7-9

Oración

Querido Señor Jesús: realmente deseo conocerte y conocer la profundidad de tu amor por mí. Hoy abro mi corazón y te doy la bienvenida por completo a mi vida, pidiéndote que sanes todas mis situaciones y recuerdos dolorosos, así como todo el quebrantamiento y las experiencias traumáticas de mi pasado. Solo tú eres la luz del mundo, mi Salvador y Señor. Ten misericordia de mí. Te entrego mi vida y mi voluntad. Por favor, límpiame y perdóname todos mis pecados e iniquidades. Sana y santifica todas las áreas de mi espíritu, alma y cuerpo que han sido controladas y atormentadas por espíritus malignos. Declaro que Jesús es mi Señor y mi Sanador. Clamo por la sangre de Jesús sobre mi espíritu, alma y cuerpo.

Ahora renuncio al poder de Satanás sobre mi vida y mi destino. ¡Yo declaro que Jesucristo es mi Señor! ¡Hoy declaro que soy LIBRE! Ninguna arma forjada contra mí prosperará [Isaías 54:17]. El miedo ya no tiene ningún lugar en mí. ¡Echo fuera de mi corazón al miedo! El amor de Dios gobierna ahora mi corazón. Me someteré a Dios. Resistiré al diablo, y él debe huir de mí. Suelto toda la culpa y la condenación que me acusaban. Gracias, mi Señor, porque estoy en Cristo, y voy a caminar según el Espíritu del Señor. En el nombre de Jesucristo, ¡amén!

Oraciones y escrituras para salir de prisiones espirituales

Saca mi alma de la cárcel, para que alabe tu nombre; me rodearán los justos, porque tú me serás propicio.

—Salmos 142:7

Padre, gracias por sacar mi alma de la cárcel. Gracias por hacerme libre del veneno de la amargura y la iniquidad [Hechos 8:23]. Padre, sé que me amas entrañablemente, y anhelas verme sano. Tú nos has dado el don de Jesucristo como un pacto para abrir nuestros ojos espirituales y sacar a los presos del tormento y de la oscuridad. Gracias, mi Señor, por darme entendimiento y liberarme de las prisiones personales que me impedían disfrutar de mi salvación [Isaías 42:6-7]. Padre Dios, te doy gracias por sanarme y restaurar todo aquello que yo era incapaz de disfrutar. Gracias por sacarme del desierto y bendecir mi vida con tu amor [Isaías 43:18-19].

Porque no nos ha dado Dios espíritu de cobardía, sino de poder, de amor y de dominio propio.

—2 Timoteo 1:7

Padre, yo me someteré a Dios. Resistiré al diablo, y él tendrá que huir de mí. Gracias por esta promesa [Santiago 4:7]. Te doy gracias, Padre, porque ya no estoy bajo la culpa y la condenación. Por medio de Jesús ¡tengo la justicia de Dios en mí! No estoy esperando ser sano en el futuro, sino que creo la Palabra de

Dios que por sus llagas ya he sido sanado [Isaías 53:5].
*Cuerpo y alma, ¡alinéense con la Palabra de Dios! Es
la voluntad de Dios que yo prospere en todas las cosas
y tenga salud, así como prospera mi alma.*

Si usted necesita salvación, por favor vaya a la última sección de este libro y confiese la Oración para Salvación.

2

El milagro de la liberación del mal

¿No se dan cuenta de que uno se convierte en esclavo de todo lo que decide obedecer? Uno puede ser esclavo del pecado, lo cual lleva a la muerte, o puede decidir obedecer a Dios, lo cual lleva a una vida recta.

—ROMANOS 6:16, NTV

YO CREO QUE una persona, sin saberlo, puede ceder un área de su vida a una fortaleza demoníaca, por ejemplo, las víctimas del abuso sexual. Otros, mediante la repetición, ceden voluntariamente a la tentación. Cuando una persona entrega repetidamente su cuerpo al pecado y a la iniquidad, se convierte en esclava del pecado, lo que conduce a la muerte espiritual. Hay muchas tentaciones y pecados que acosan a los cristianos. Las personas que están en esta condición se preguntan por qué Dios no responde sus oraciones y por qué siguen luchando con los mismos pecados. Esto no quiere decir que estén poseídos por demonios, pero creo que una influencia demoníaca está operando sobre ellos. La persona puede amar y servir a Dios con todo su corazón, pero sigue luchando con algo que desprecia y sabe que no agrada a Dios. Otros han abandonado por completo su pasado, pero todavía se encuentran lidiando con fuerzas invisibles.

Las principales áreas de intervención demoníaca incluyen los siguientes pecados:

- *Pecados sexuales*: tales como el adulterio, la fornicación, la prostitución, la lujuria, el incesto, la violación, el abuso y la perversión conyugales y otros.
- *Pecados del alma*: como la falta de perdón, los celos, la ira, el enojo, el odio y la mentira.
- *Pecados de tolerancia*: como la adicción a las drogas y al alcohol, la gula y los deseos insaciables.

Algunos ejemplos de la vida real sobre la participación demoníaca que destaco aquí, tienen el propósito de comunicar con claridad mi explicación sobre este tema. Es importante que los cristianos comprendan lo fácil y sutil que es llegar a quedar enredado con el enemigo. También quiero exponer algunas de las áreas que pueden estar impidiendo que algunas personas reciban su sanidad y vivan una vida victoriosa, sin importar lo mucho que lo intenten. Al final de esta sección, usted encontrará oraciones, versículos, y declaraciones que le ayudarán a caminar en libertad si usted sinceramente desea ayuda. Hebreos 4:12 declara que: "La Palabra de Dios es viva y eficaz".

Liberación de la brujería y adoración a otros dioses

No es ningún secreto que México ha sido asediado por una guerra mortal de homicidios generalizados, drogas, secuestros, asesinatos en masa y terribles guerras de pandillas durante muchos años. Hay muchas razones por las que Satanás ha logrado establecerse en ese país y en muchos otros países que están pasando por turbulencias. Una de ellas es la adoración a otros dioses y la práctica de la brujería. A mí me encanta el pueblo mexicano. Mi esposo y yo tenemos muchos ministros cristianos y amigos que viven allí, y ministramos en diferentes lugares por lo menos dos veces al año. Es increíble ver cuán bien que el rápidamente creciente cuerpo de cristianos prospera y mantiene su sensatez en medio de tanto caos y vandalismo. Usted puede vivir en un infierno, pero el amor de Dios y su gracia lo sustentarán. Yo soy un testimonio vivo de su asombroso amor.

Hace unos meses mi esposo estaba ministrando en la asolada Ciudad Juárez, de México, y nuestro pastor anfitrión relató la historia de cómo en 2006 se realizó una celebración en la que muchas personas de las clases más bajas llevaron en procesión abiertamente a un demonio llamado *Santa Muerte*, al que muchas de estas personas aceptan como su santo patrono. Poco después comenzó a tener lugar un alarmante incremento de homicidios. Los líderes de las pandillas comenzaron a incitar a una guerra demoníaca entre unos y otros, tomando control de los vecindarios, asaltando a propietarios de negocios, y asesinando a cualquiera que se cruzara en su camino. El resultado hasta la fecha ha sido una devastación extrema, asesinatos en masa y un temor aterrador. Un gran número de propietarios de negocios han optado por abandonar la ciudad y sus negocios, muchos totalmente desolados y despojados de todos sus bienes y medios de subsistencia. La pobreza, la enfermedad, las dolencias y un miedo increíble han sustituido a la prosperidad que una vez tuvo la ciudad.

Es un hecho conocido que esta entidad demoníaca es una fortaleza en muchas ciudades de México y de otras partes del mundo, especialmente entre los pobres. Su creencia es que ese santo de la muerte es muy poderoso y capaz de protegerlos de todo mal, concederles sus deseos, e incluso repeler los ataques de Satanás. Los seguidores también son convencidos de que si quiebran esa lealtad o tratan de desertar pueden afrontar la muerte, la enfermedad, accidentes, esterilidad y mala suerte, no solo para ellos, sino también para los miembros de su familia. La mayoría de las personas que están bajo esa maldición y esa fortaleza son muy temerosas, y siguen sirviendo a esa fortaleza demoníaca, porque temen a la muerte y a las represalias.

El culto es condenado por la Iglesia Católica de México, pero está firmemente arraigado entre las clases bajas y los círculos criminales mexicanos. El número de creyentes en la Santa Muerte ha crecido en los pasados diez a veinte años, hasta aproximadamente dos millones de seguidores y ha cruzado la frontera hacia las comunidades mexicano-estadounidenses de los Estados Unidos.[1]

Será necesaria la intervención divina para derribar y destronar las fortalezas demoníacas que operan no solo en México, sino también en muchas otras ciudades y países del mundo.

La derrota de una fortaleza demoníaca comienza con el conocimiento

La derrota de este o cualquier otro tipo de fortaleza demoníaca tiene que empezar por la aplicación de sabiduría, conocimiento y comprensión. La gente tiene que ser capacitada y disciplinada acerca del Dios vivo y verdadero, el reino de los cielos y el sacrificio que Jesús pagó en la cruz del Calvario para redimir a la humanidad y derrotar a Satanás. La mentira tiene que ser sustituida por la verdad. *La ignorancia y el miedo activan la influencia de lo demoníaco.*

Tienen que encenderse una enérgica determinación y guerra espiritual en los corazones de todos los creyentes, porque hay muchos encogidos por el miedo. La oración tiene que ser específica, dirigida y constante. Todo lo que representa a otros dioses y prácticas secretas con el mundo de las tinieblas debe ser quemado y se debe renunciar a ello. Salir de la esclavitud demoníaca es un evento milagroso. Solo el Dios Todopoderoso puede librar y libertar a los cautivos.

Una vez que un principado demoníaco se entroniza como una fortaleza en la vida de una persona, familia o grupo de personas, la destrucción y la pestilencia lo siguen rápidamente. Creo que esta es una de las razones por las que hoy existen tanta pobreza y hambre en tantas partes del mundo. El culto a otros dioses y la práctica de la brujería, la hechicería, y todo lo que es abominación a Dios siempre mantendrá a las personas, familias, barrios, ciudades y naciones que los practican bajo el peso de la esclavitud, el hambre y el miedo. (Vea Éxodo 20:3-5).

La brujería y la demonología ¿están abiertamente propagadas en el mundo occidental y en otros países progresistas, o esta práctica solo es común en los países en desarrollo? La respuesta es ¡absolutamente sí! De hecho, incursionar en la brujería, ir a los que leen las manos, leer material relacionado con el ocultismo y ver las últimas películas de suspenso sangrientas y demoníacas se está convirtiendo en una tendencia aceptada. Incluso a veces las recientes películas de misterio baratas están más concurridas que las películas más caras y profesionales.

¿Qué causa esta hambre por lo oculto y lo sobrenatural?

Algo oculto es algo secreto, escondido, difícil de ver y mágico. Lo sobrenatural es algo relacionado con la divinidad: no del mundo natural, sino místico, fantasmal, paranormal, raro, extraño y singular. Despierta la curiosidad de la persona. Hace que el corazón corra y la adrenalina lo invada. Muchos miran y participan por temor e ignorancia, pero siguen envueltos en lo desconocido hasta que Satanás logra apresarlos con firmeza y los usa a su antojo.

El hecho es que somos seres espirituales. Cuando nos miramos unos a otros, vemos la vestidura física, pero no podemos ver el espíritu o discernir lo que está en el corazón. Los demonios o espíritus son seres espirituales malignos que no tienen cuerpo. Uno de sus objetivos es tener un anfitrión humano para expresar su voluntad y personalidad en el mundo natural, y utilizar a la persona para dirigir a otras personas a la esclavitud demoníaca. Si no pueden encontrar un anfitrión vivo, pueden adherirse a objetos especialmente dedicados a este fin, tales como ídolos, amuletos, colgantes, fetiches o instrumentos de culto ritual. También pueden habitar en lugares físicos, tales como un edificio, una casa o un área dentro de una casa. Satanás tiene un reino organizado, así como Dios tiene el reino de los cielos.

¿Por qué incluyo este tema de la liberación del mal en este libro sobre el poder milagroso de Dios? Porque Satanás también hace milagros para mantener esclavizadas a las personas en su reino. Y porque muchos cristianos siguen sufriendo los ataques del enemigo y no tienen idea de cómo ser libres. Nuestra teología occidental deja poco espacio para el estudio de la liberación del mal. Mucha gente no quiere mezclarse con nada que tenga que ver con lo demoníaco. La ignorancia mantiene a las personas sufriendo. Para llegar a ser libre, son necesarios la acción, el conocimiento y la fe.

Dios instruyó a su pueblo para que guardaran sus Palabras (enseñanzas, principios, directrices, instrucciones, leyes y decretos) y las estudiaran, leyeran y aplicaran hasta que penetraran profundamente en su corazón y en su alma. Debemos entronizar a Dios en nuestros corazones y en nuestros hogares. Debemos aprender todo sobre el reino de los cielos y enseñar estos principios a nuestros hijos. Si no lo hacemos, crecerán y serán atraídos hacia el reino de Satanás, con todo su boato y seducción misteriosos y demoníacos.

> Por tanto, pondréis estas mis palabras en vuestro corazón y en vuestra alma, y las ataréis como señal en vuestra mano, y serán por frontales entre vuestros ojos. Y las enseñaréis a vuestros hijos, hablando de ellas cuando te sientes en tu casa, cuando andes por el camino, cuando te acuestes, y cuando te levantes, y las escribirás en los postes de tu casa, y en tus puertas; para que sean vuestros días, y los días de vuestros hijos, tan numerosos sobre la tierra que Jehová juró a vuestros padres que les había de dar, como los días de los cielos sobre la tierra.
>
> —Deuteronomio 11:18-21

El diablo se apodera de un principio espiritual legal y lo transforma y usurpa para engañar y esclavizar a las personas. Él utiliza el engaño en todo lo que hace. Las personas son engañadas porque no tienen conocimiento o comprensión de los principios de Dios.

Sanidad de la esterilidad

Hace unos tres años ministramos en una iglesia hispana llena del Espíritu en Texas. El pastor es uno de nuestros hijos espirituales. Durante la ministración en el altar, muchas personas vinieron por oración. Antes de que mi esposo orara por las personas, las dirigió en una oración de consagración a Dios y de renuncia a todo poder demoníaco heredado o de cualquier cosa de su pasado. Dos mujeres se acercaron pidiendo oración para poder concebir. Habían sido estériles por muchos años, y los médicos no podían explicar por qué no podían tener hijos. Una de ellas tuvo tres abortos involuntarios consecutivos. Hasta consultó con un médico brujo y adivino, pero le dijeron que el espíritu de muerte estaba sobre ella y no la pudieron ayudar. Mi esposo hizo una oración poderosa con autoridad, ordenando a todas las fortalezas demoníacas y maldiciones que soltaran a las dos mujeres, clamando por la sangre de Jesús sobre ellas y pidiendo a Dios que las bendijera con hijos. Unos meses más tarde su pastor llamó con alegría para informarnos que ambas mujeres habían quedado embarazadas. Teníamos mucha fe en que Dios contestaría nuestras oraciones como lo ha hecho tantas veces.

Hace unos tres meses nos invitaron a ministrar en la misma iglesia. El pastor quería que nos reuniéramos con las dos mujeres y sus hijos pequeños. Ellas estaban encantadas y agradecidas de que Dios hubiera intervenido en su situación. Pero esto es lo que realmente quiero recalcarle. La mujer que tenía sobre ella el espíritu de muerte testificó que hacía muchos años había sido influenciada por el espíritu demoníaco de *Santa Muerte*. Recordó que cuando era niña, su madre colocó un pequeño altar de ese demonio en su habitación para protegerla. El temor continuo fue su compañía hasta el día en que aceptó a Jesucristo como su Salvador. Al pasar los años, se dio cuenta de que no podía concebir a pesar de que estaba creciendo en su caminar con Dios. Estas mujeres habían estado recibiendo enseñanza bíblica de su pastor y ahora estaban listas para recibir liberación. Se hizo una poderosa oración de liberación, ordenando a los espíritus malignos que quitaran la esterilidad, y poco después pudieron concebir.

Esa noche nos enteramos de muchos otros testimonios de liberación de la maldición de esa fortaleza demoníaca y de otras formas de brujería. Un hombre testificó que sufría desde hacía varios años un dolor punzante en el costado que lo atacaba por la noche, y cuando su pastor lo guió en una oración de renuncia y liberación, el dolor desapareció totalmente.

Los demonios buscan esclavizar a las personas, así como ellos mismos son esclavos atados a Satanás. Ellos esclavizan a una persona a emociones destructivas como el temor, la ira, el enojo y el odio. Muchas personas bajo influencia demoníaca tienen hábitos destructivos tales como el abuso de drogas, la adicción al alcohol y los pecados sexuales. Los demonios incitan a pensamientos de codicia, envidia, perversión, lujuria y muchos otros. *Los creyentes también tienen que prestar atención a algunas de estas emociones impulsadas por la carne, y que además pueden abrir la puerta a la esclavitud demoníaca.*

No vamos a engañarnos a nosotros mismos. Whitney Houston no fue la única persona que hablaba de Jesús pero en privado luchaba con las drogas ilegales. Con frecuencia me encuentro en los altares de las iglesias con hombres y mujeres que nunca han encontrado la fuerza para librarse de su hábito. Incluso sé de pastores, líderes juveniles, líderes de alabanza que viven una doble vida, escondiendo su adicción bajo el manto de religión del domingo por la mañana. Se esconden porque tienen miedo de ser rechazados o avergonzados si alguna vez admiten su problema ante alguien.

Lo que necesitamos es menos juicio y mayor transparencia respecto a este problema. Las drogas, incluyendo el alcohol, son implacables. El crack y la metanfetamina cristalizada son imposibles de superar si no reciben una la intervención seria. Una vez que el cerebro de una persona es alterado por estas sustancias, necesita un milagro. Decirles "Simplemente digan no" no lo va a cortar... Si usted es adicto, por favor, esté dispuesto a buscar ayuda admitiendo su problema ante su pastor o un amigo cristiano de confianza. Si tiene en su familia alguien que es adicto, no espere hasta que sea demasiado tarde para intervenir. Irrumpa en su o sus vidas si es necesario para mostrar verdadero amor... Recuerde: Jesús tiene un mensaje para cualquier persona que lucha con las drogas: "Venid a mí todos los que estáis trabajados y cargados, y yo os haré descansar" (Mateo 11:28). La muerte de Whitney Houston fue trágica, pero tal vez la advertencia que surge de su historia terminará salvando vidas.[2]

Cosas que invitan a espíritus demoníacos

¿Hay en su vida y en su casa algo que invita a los espíritus demoníacos? Hoy en día dejamos entrar tantas cosas impías a nuestros hogares. Nuestras vidas están afectadas por todo lo que es profano, abriendo las puertas a la rebelión, la desobediencia, la promiscuidad y al ámbito de insolentes espíritus malignos. Lamentablemente, no se trata solo de lo que permitimos en nuestros hogares, sino también del modelo que los adultos hacen del hogar cristiano de hoy. Muchos admiten películas violentas y entretenimientos indecentes, diciendo a los niños pequeños que *cubran sus ojos* hasta que el episodio violento o indecente termine. Conozco parejas que pelean constantemente por este tema. El marido quiere ver videos violentos y explícitos, y la mujer no quiere saber nada.

Los efectos de tolerar e invitar a las cosas impías a su casa al principio pueden parecer sutiles, ya que tanto los adultos como los niños comienzan a manifestar un poco de enojo, un poco de fastidio, un poco de rezongo, un poco de impaciencia y molestia, un poco de rebelión, un poco de falta de respeto, y un poco de mentira y probar un poco los límites. Pero a medida que pasa el tiempo, se va desde lo poco a muchos episodios de voluntarismo y manifestaciones emocionales. Cuando se trata de niños, muchos de los padres de hoy están demasiado ocupados y agobiados para tratar con la atención y la responsabilidad necesarias para hacer cumplir las reglas o mantener el control. El amor firme parece ser una cosa del pasado en muchas familias de esta generación.

Uno de los grandes resultados de toda esta permisividad es la desintegración del hogar cristiano. Todos los días recibo correos electrónicos de cónyuges que han leído mis libros *Satanás, ¡mi matrimonio no es tuyo!* y *Satanás, ¡mis hijos no son tuyos!*, y la queja número uno de las esposas es que sus maridos están teniendo aventuras amorosas, o metiéndose en la pornografía. La principal queja de los hombres es que sus esposas son controladoras y manipuladoras, y que no se someten siquiera en las áreas más básicas del respeto y el honor a lo que la Palabra de Dios tan sabiamente instruye que la esposa adhiera.

Estas dos áreas, la *pornografía* y la *manipulación*, son controladas por espíritus malignos. La limpieza espiritual y la liberación son absolutamente necesarias para ser libres de estos espíritus demoníacos que rompen hogares e iglesias. Créase o no, demasiados cristianos están involucrados en la pornografía, y muchas parejas se manipulan mutuamente sin darse cuenta de los espíritus malignos que acechan detrás de sus acciones. Demasiadas mujeres religiosas se niegan a sujetarse a sus maridos, dándoles órdenes y corrigiendo todo lo que ellos hacen y dicen. Esto también es una raíz de manipulación y control.

Dios quiere sanar a su pueblo para que viva en victoria

La Biblia dice que se nos ha dado "autoridad… sobre toda fuerza del enemigo, y nada os dañará" (Lucas 10:19). La ignorancia de esta enseñanza hará que un cristiano no se percate de las artimañas de Satanás. Cuando usamos nuestra autoridad sobre el enemigo y creemos la Palabra de Dios en obediencia, el poder del Espíritu Santo se encargará de la tarea de limpieza. *No es con ejército ni con fuerza, sino por el Espíritu del Señor* que los demonios tienen que obedecer la orden de un creyente (Zacarías 4:6).

Me gusta la forma en que el pastor Bill Johnson describe las palabras *poder* y *autoridad*.

La autoridad es bastante diferente del poder. El poder es explosivo y ambiental en el sentido de que es la atmósfera misma del cielo la que cambia la atmósfera de la tierra. La autoridad es una posición dada por Jesús mismo. Un policía lleva un arma de fuego (poder), pero también lleva una insignia (autoridad). La insignia hace mucho más que el arma. El poder es la atmósfera del cielo. Ministrar en poder es como atrapar una ola. La autoridad es como empezar una ola. Las cosas comienzan a suceder por lo que Dios dice que somos y cuáles son nuestras responsabilidades. La fe es lo que nos conecta a este ámbito de autoridad: tenemos que creer lo que Él dice de nosotros y lo que Él nos ha comisionado a hacer.[3]

Satanás ha ideado sus propias estrategias de campaña específicas para cegar a nuestros jóvenes adultos y hacer que se fascinen por el aura y la magia de las tinieblas y del mundo espiritual ocultista, ya que él lleva a nuestros preciosos jóvenes a la muerte espiritual y la incertidumbre. También está cegando a las parejas casadas para que crean que si las cosas se ponen difíciles y el amor se disipa, fácilmente pueden divorciarse y seguir con otra persona. La lujuria está consumiendo a la gente en todos los niveles de la vida, sea casado, soltero o divorciado. La familia combinada de hoy lucha con múltiples problemas imprevisibles. ¿Cómo puede un cristiano vivir en victoria y bajo la bendición de Dios cuando hay tantos problemas del alma no resueltos que esperan ser sanados?

La evidencia de la participación demoníaca

Conozco personalmente a una joven cristiana acusada de asesinato premeditado y condenada a cadena perpetua tras matar por celos a un compañero de la universidad. No es cualquier chica, sino una que creció en un hogar cristiano y que logró excelentes calificaciones y participaba activamente en su educación universitaria. Los celos (la envidia, la sospecha, la restricción, la desconfianza, la posesividad) son un espíritu de tormento que trae destrucción. Una vez que a los espíritus malignos se les permite desarrollar sus raíces en el corazón, la persona oprimida necesita un milagro de intervención divina para expulsarlos. La mente de la persona atribulada debe ser renovada llenándola con la Palabra de Dios y derribando toda fortaleza opuesta a la obediencia a Dios.

Cuando en la mente y el corazón de una persona se permiten muchos pensamientos y fantasías impuros y negativos, el Espíritu de Dios es empujado afuera, y la persona actúa independientemente de la guía y la protección del Espíritu Santo. Espero explicar con claridad este importante punto. Los creyentes que están luchando desesperadamente por mantener una relación con Dios, y al mismo tiempo batallan contra hábitos perturbadores que saben que están mal, y se sienten impotentes para superarlos, deben aprender a cooperar con Dios. De lo contrario, su cristianismo siempre se sentirá como una continua batalla desesperada.

Es sorprendente que mientras escribía, tomé un descanso para ver las noticias y me enfrenté con los más alarmantes titulares de hombres y niños que cometen horrendos actos de asesinato.

Veredicto de Alyssa Bustamante: 'Terrible asesina' recibe cadena perpetua con posibilidad de libertad condicional por matar a Elizabeth Olten, de 9 años de edad.

Jefferson City, Missouri (AP): Una adolescente del centro de Misuri que confesó haber estrangulado, cortado y apuñalado a una niña de 9 años de edad, porque quería saber cómo se sentía el matar a alguien, fue sentenciada el miércoles a cadena perpetua con posibilidad de libertad condicional.

"Sé que las palabras", dijo ella, haciendo una pausa para respirar profundamente y luchando por recobrar la compostura, "nunca serán suficientes y nunca podrán describir adecuadamente lo horrible que me siento por todo esto."

Y agregó: "Si yo pudiera dar mi vida para recuperar la de ella lo haría. Lo siento…"

Los abogados de la defensa de la adolescente habían abogado por una pena menor que cadena perpetua, diciendo que el uso de Bustamante del antidepresivo Prozac la había hecho más propensa a la violencia. Dijeron que había sufrido de depresión por años y una vez intentó suicidarse con una sobredosis de analgésicos.

El sargento David Rice, de la patrulla de caminos del estado de Misuri, declaró que la adolescente le dijo que "ella quería saber qué se sentía" al matar a alguien. Los fiscales también mencionaron las notas del diario en que Bustamante describió la excitación de matar a Elizabeth…

"Es asombroso. Tan pronto como vences el sentimiento de 'Oh mi Dios no puedo hacer esto', es bastante agradable. Aunque estoy un poco nerviosa y temblorosa, ahora. Bien, me tengo que ir a la iglesia ahora... ja, ja, ja."

Bustamante luego se dirigió a un baile de jóvenes de su iglesia, mientras se iniciaba una masiva búsqueda de la niña desaparecida.[4]

Lo que realmente me inquieta es que estas dos jóvenes estaban conectadas a una iglesia y tuvieron la oportunidad de recibir ayuda si la hubieran pedido o si alguien lo hubiera notado. Una persona oprimida por un espíritu maligno hace cosas irracionales cuando fortalezas de necesidades insatisfechas y heridas sin resolver se desencadenan por un evento emocional. Estas jóvenes necesitaban aconsejamiento, capacitación y discipulado. También necesitaban a alguien maduro y valiente en oración que enfrentara a las fortalezas y declarara vida y sanidad en sus vidas.

La liberación significa librar, liberar y rescatar. Cuando una persona acepta a Jesucristo como Señor y Salvador y realmente cree que ha sido trasladada del reino de las tinieblas al reino de la luz, no puede detenerse ahí. Ahora comienza el proceso de transformación y limpieza de todo mal, del pasado, de maldiciones heredadas y de fortalezas, y la renovación de la mente. *Este es un proceso milagroso, ya que solo el Espíritu de Dios puede morar en un hombre o una mujer y realizar esta extraordinaria transformación.* Los espíritus malignos que una vez ocuparon a la persona antes de la salvación tratarán de volver para ver si el alma de ella sigue aún vacía, o si la fe y la Palabra de Dios la están ocupando (Mateo 12:43-45). Las escrituras y declaraciones que hay al final de este capítulo serán de gran ayuda a las personas para fortalecer sus defensas espirituales y llenar su casa espiritual.

El milagro de la liberación de las maldiciones

Ninguno puede entrar en la casa de un hombre fuerte y saquear sus bienes, si antes no le ata, y entonces podrá saquear su casa.

—Marcos 3:27

La palabra griega para *saquear* en este pasaje es *diarpázo*, que significa "saquear, apoderarse, o arrebatar". La palabra griega para *casa* es *oikía, que* significa "morada". Para revertir la maldición, usted debe aprender cómo saquear la casa del (los) demonio(s) que están implicados en la maldición. Satanás puede pensar que su casa, su cónyuge, sus hijos y sus bienes le pertenecen a él, y puede amenazar con robar, matar y destruir lo que es legalmente suyo, pero Dios ha hecho provisión para librarlo a usted de la destrucción del enemigo.

Después de muchos años de practicar la guerra espiritual, sé que no puedo simplemente *atar* la obra del enemigo y garantizar la victoria absoluta. Usted debe *"saquear"* totalmente su casa, porque él siempre está buscando una manera de volver, especialmente cuando una persona baja la guardia en un área débil.

Dios le dijo al profeta Jeremías: "Mira que te he puesto en este día sobre naciones y sobre reinos, para arrancar y para destruir, para arruinar y para derribar, para edificar y para plantar" (Jeremías 1:10). Jeremías fue instruido para arrancar y destruir todas las raíces de fortalezas malignas y de idolatría cortando y destruyendo su crecimiento y proliferación. Una fortaleza es cualquier área controlada por espíritus malignos, tales como adicciones, hábitos nocivos y emociones fuera de control. Puede ser la tendencia hacia un comportamiento violento o criminal conocido por ser una fortaleza generacional de la familia. Satanás obtiene control de las familias a través del pecado, la iniquidad y las maldiciones generacionales. Solo cuando un creyente nacido de nuevo saquea las fortalezas y

arranca las raíces y destruye toda área de influencia demoníaca Satanás debe quitar su control. *Inmediatamente,* el alma
debe ser renovada edificando un nuevo fundamento espiritual
y plantando la Palabra de Dios en el corazón.

No tome este tema a la ligera. Las maldiciones son reales
y dañan emocionalmente a muchas personas y familias. No
son solo arrebatos emocionales, sino también actos insolentes
y potentes que afectan cada fibra de la persona. Más y más
personas de nuestra cultura están involucradas en prácticas de
ocultismo en las que invocan maldiciones y hacen juramentos
secretos que puede producir enfermedad, desesperación, esterilidad, fracaso, pérdidas, divorcio y accidentes. Muchas de
estas personas, cuando reciben la salvación, continúan experimentando los efectos de sus pasadas participaciones.

Cómo destruir fortalezas y maldiciones

¿Cómo podemos destruir, arruinar y cortar las raíces de fortalezas demoníacas y maldiciones? Nuestro Padre Celestial
hizo provisión para todos los que aceptan y creen en el Señor
Jesucristo, y que viven bajo la protección de la sangre de Jesús
para liberarse y liberar a otros del yugo de maldiciones autoim-
puestas y maldiciones generacionales. Para ser libres, son importantes los siguientes pasos:

- *Tener cuidado* (prestar atención a los consejos,
  tener en cuenta, observar) de hacer conforme a la
  Palabra de Dios. Vivir una vida moralmente limpia.
  Permanecer firme, obedeciendo la Palabra de Dios,
  para que Satanás no pueda cruzar la línea (Salmos
  119:9; Proverbios 26:2; Malaquías 4:6)
- *Vestirse todos los días con toda la armadura de
  Dios.* Mantener su mente centrada en la Palabra de
  Dios. Hablar, orar, meditar y confesar la Palabra.
  Mantenerse alejado de los lugares que ofrecen

tentación y confusión y de las malas relaciones. Proteger sus pies. Proteger su boca. Proteger su corazón. La Palabra de Dios es una espada de fuego para combatir al enemigo (Efesios 6:10-20).

- *Clamar por la sangre de Jesús.* Vencemos por la sangre de Jesús y la palabra de nuestro testimonio. Cuando Jesús murió en la cruz del Calvario, nos liberó del dominio del pecado y del poder del enemigo. Su sangre nos garantiza el acceso a Dios y nos libera de la esclavitud de Satanás. Cristo se hizo maldición por nosotros para que pudiéramos estar libres de todas las maldiciones (Apocalipsis 12:11; Gálatas 3:10-14).
- *No participar en pecados que involucren prácticas ocultistas,* idolatría, ceremonias, o tradiciones familiares que impliquen cualquier tipo de adoración satánica. Purificar su corazón orando que sea limpio por la Palabra de Dios.
- *Destruir y deshacerse de todos los objetos malignos,* amuletos, colgantes, joyas, recuerdos y obras de arte relacionadas con cultos paganos y con el ocultismo.
- *Unirse a un grupo de oración y discipulado* en una iglesia llena del Espíritu Santo y basada en la Biblia. Alimentar su mente con la Palabra de Dios.

Poder reunir la información para esta sección se logró por intervención divina. No ha sido fácil. Satanás no quiere que esta información se publique. Todas las palabras de este manuscrito han sido cubiertas con mucha oración y vigilancia. Si usted, o alguien que usted conoce, necesita ayuda y sanidad, por favor, siga cuidadosamente las instrucciones y consejos y decida en su corazón permitir que el Espíritu Santo lo libere. Mientras completaba esta sección, un error informático borró todo mi documento, y perdí un tiempo valioso y mucha edición. Pero gracias a Dios, había subido la mayor parte al servicio de almacenamiento en línea. Todo lo bueno le costará algo. Decídase a servir a su Creador con todo su corazón. El Dios Todopoderoso es el Dios vivo y verdadero, y Él no va a tolerar otros dioses delante de sí. Sus bendiciones y sus tesoros son para sus hijos que le obedecen.

Oraciones, escrituras y declaraciones para liberarlo de maldiciones, fortalezas demoníacas, y ataques del enemigo

Padre, tu Palabra declara que Jesús venció a todos los principados y potestades de Satanás, cuando murió voluntariamente en la cruz para redimirnos, y porque Él triunfó sobre ellos, yo ya no soy esclavo de las estratagemas del diablo (Colosenses 2:14-15).

Padre, gracias por la autoridad y la promesa que nos has dado para hollar y derrotar a los espíritus malignos, y sobre toda fuerza del enemigo. Nada nos dañará de ninguna manera. (Lucas 10:19).

Padre, te doy gracias porque en Cristo tenemos redención por su sangre, y el perdón de pecados según las riquezas de su gracia (Efesios 1:7).

Padre, gracias por esta gran promesa de que Cristo nos ha redimido de la maldición de la ley, habiéndose hecho por nosotros maldición, para que nosotros recibiéramos la promesa del Espíritu por medio de la fe (Gálatas 3:13-14).

Disolver acuerdos y maldiciones realizando las siguientes oraciones:

Estas son oraciones simples, victoriosas y directas. No subestime el enorme poder para ser libre mientras hace estas declaraciones. Si usted no está casado, diga "yo" en lugar de "mi matrimonio". No se apresure. He visto a muchas personas sanadas después de seguir estas instrucciones. Repita estas oraciones varias veces, creyendo en su corazón que ya no es un esclavo de Satanás.

Padre celestial, me arrepiento sinceramente de toda participación que pueda haber causado que un espíritu de brujería, maldiciones generacionales, o fortalezas invadan mi vida y la influyan mi vida. Te ruego tu perdón. Lamento las heridas y el dolor que pude haber causado a otros con mis acciones. Padre, también quiero perdonar a los que me han hecho daño y me han atormentado. Hoy tomo la decisión de rendir mi vida a ti y caminar en el amor de Dios. En el nombre de Jesús, ¡amén!

Padre, en el nombre de Jesús, rompo todas las maldiciones de brujería, abuso y perversión en mi carne, y me rindo totalmente a ti. Rompo todas las maldiciones en contra de mi familia en el nombre de Jesús. Rompo todas las maldiciones y cualquier pacto que se hizo contra [mí / mi matrimonio], en el nombre de Jesús. Clamo por la sangre de Jesús. Te doy gracias, Padre Dios, porque tu Palabra declara que me librarás de toda mala obra y me preservarás para tu reino celestial. A Él sea la gloria por los siglos de los siglos (2 Timoteo 4:18) ¡Amén!

Dios Padre, tu Palabra declara que todo lo que yo ate en la tierra será atado en los cielos, y todo lo que desate en la tierra, será desatado en los cielos. Ahora ato a todos los espíritus malignos ligados a las maldiciones y los pactos que afectan mi vida, mi familia y mi matrimonio. Desato a mi familia y a mí mismo, de todas las fortalezas heredadas, las dolencias, las enfermedades y las adicciones. Desato la paz y el poder sanador de Dios para que invada mi vida y sane mi cuerpo, en el nombre de Jesús, ¡amén!

Coloque las manos sobre su cabeza y ombligo y ore:

Espíritu Santo, te doy gracias por el milagro de liberación de todas las maldiciones y fortalezas de mi vida. Espíritu Santo arranca y destruye todo lo que hay en mí que no es tuyo, desde la coronilla hasta las plantas de mis pies, en el nombre de Jesús, ¡amén!

Amado Espíritu Santo, limpia mi corazón, mi vientre y todos los órganos de mi cuerpo.

Concéntrese y mantenga la concentración hasta que la paz de Dios invada su espíritu, alma y cuerpo.

Ahora diga esta oración:

Dios Padre, te doy gracias por la sangre de Jesús que mora en mi cuerpo ahora mismo. Señor Jesús, gracias por sacrificar tu vida y derramar tu sangre para que yo pudiera ser redimido de todo pecado, de toda iniquidad y de todas las maldiciones y fortalezas del enemigo.

Ahora haga esta declaración con suma confianza:

En el nombre de Jesucristo, ordeno a todos los espíritus malignos que me dejen ahora. Me desato de todo el control y esclavitud del enemigo, en el nombre de Jesús. Me desato de todas las ligaduras del alma y de las malvadas estrategias del enemigo. Yo renuncio a Satanás y confieso mi lealtad al Señor Jesucristo.

Ninguna arma forjada contra mí prosperará, en el nombre de Jesús, ¡amén!

Ahora levántese y alabe al Señor, agradézcale, y regocíjese en su libertad.

La siguiente instrucción es importante. Pida al Espíritu Santo que more en usted y lo llene. Pida una unción fresca sobre su vida. Alabe al Señor nuevamente.

Señor Jesús, rodéame con tu protección y bautízame con el Espíritu Santo y fuego. Cúbreme con la sangre de Jesús y rodéame con tus poderosos ángeles guerreros. Te doy gracias y alabo tu santo nombre.

Respondió Juan, diciendo a todos: Yo a la verdad os bautizo en agua; pero viene uno más poderoso que yo, de quien no soy digno de desatar la correa de su calzado; él os bautizará en Espíritu Santo y fuego.

—Lucas 3:16

Padre, sinceramente quiero darte gracias por abrirme los ojos espirituales para ver que el ladrón no viene sino para hurtar y matar y destruir. Pero tú, Padre mío, has venido para que yo tenga vida, y para que la tenga en abundancia [Juan 10:10].

Reprenda con firmeza al espíritu de acoso

En el nombre de Jesús, reprendo al demonio que se entromete en mi vida.

No hay verdad en ti. Ato toda misión que el enemigo tiene contra mí y mi familia. Y desato la paz de Dios en mi vida.

Dios Padre, te agradezco sinceramente por bendecirme con sabiduría, conocimiento y entendimiento.

Vosotros sois de vuestro padre el diablo, y los deseos de vuestro padre queréis hacer. El ha sido homicida desde el principio, y no ha permanecido en la verdad, porque no hay verdad en él. Cuando habla mentira, de suyo habla; porque es mentiroso, y padre de mentira.

—Juan 8:44

Padre, yo estaré firme en la libertad con que Cristo nos hizo libres. Me niego a estar otra vez sujeto al yugo de esclavitud (Gálatas 5:1).

3

Acciones que producen milagros y sanidades

Huye el impío sin que nadie lo persiga;
mas el justo está confiado como un león
—Proverbios 28:1

La sanidad y los milagros son hechos sobrenaturales de Dios. Nuestra participación es necesaria. Nuestra fe debe ponerse en acción y debemos creer que Dios hará su parte.

El justo está confiado como un león

- David fue tras el león y el oso que atacaba a sus ovejas: Dios le dio la fortaleza y la audacia para liberar al cordero y matar al león.
- Josué y sus hombres marcharon alrededor de los muros de Jericó: Dios los derribó.
- Elías construyó un altar y oró para que cayera fuego: Dios consumió el altar con fuego.
- Una viuda obedeció al profeta y juntó todos los recipientes vacíos que pudo conseguir: Dios proveyó y multiplicó el aceite que ella necesitaba.
- Noé construyó el arca: Dios inundó la tierra y lo salvo a él y a su familia.

- El capitán Naamán tenía lepra y se le dijo que se sumergiera siete veces en una laguna sucia: Dios extendió su mano y lo sanó.
- La mujer con flujo de sangre se abrió camino entre la multitud para tocar a Jesús: fue sanada instantáneamente.
- Moisés alzó su vara: Dios abrió el mar.
- David puso una piedra en la honda y la apuntó hacia el gigante: Dios lo mató instantáneamente.
- Un día, después de años de odiar a mi padre, me puse en acción y pedí a gritos a Dios poder perdonarlo: Él instantáneamente sanó mi alma.
- Recientemente me rendí por completo a Dios, dejé de pedirle que me sane y, en cambio, comencé a agradecerle y a alabarlo: ¡Dios estiró su mano y me sanó!

No importa cuánto conozcamos la Palabra, si no ponemos la fe en acción no habrá sanidad ni milagro.

Una *sanidad* es una gradual recuperación o restauración de la salud. Sucede cuando una persona es curada y recobra el vigor y el bienestar, ya sea por tomar medicinas recetadas o remedios homeopáticos o terapéuticos, mediante una cirugía, al hacer cambios nutricionales, al confesar la Palabra de Dios o escrituras específicas de sanidad o mediante la oración.

El tesauro en español describe al *milagro* como: asombro, portento, prodigio, maravilla, fenómeno.[1] Todas estas palabras pueden describir lo milagroso. La intervención divina es necesaria para que ocurra el milagro.

Los milagros son señales de Dios. Los milagros transmiten mensajes. Precisamente porque son poco comunes o sin precedentes de acuerdo con las leyes empíricas y científicas de la naturaleza, los milagros provocan respeto reverencial y asombro. Los milagros pueden sacudirnos y obligarnos a salir de nuestra complacencia. Pueden incluso despertarnos de nuestro sueño egoísta. Los milagros pueden inspirar, enseñar o hacer que reconsideremos los pasos que estamos dando, e incluso transformarnos. A veces, un acontecimiento milagroso coincide con lo peticionado en una oración específica. Muchas veces los milagros implican sucesos de sanidad física. Pero la cuestión crítica para la gente de fe es qué está comunicando Dios por medio de esa situación.[2]

Cuando una persona ha hecho todo lo posible y ha agotado todos los recursos humanos posibles y recibe la sanidad de un mortífero cáncer incurable, ¡verdaderamente podemos decir que eso es definitivamente un milagro de Dios! Cuando sucede algo, como un accidente, y usted sabe que debería haber muerto pero sobrevive, creo que también es un milagro de intervención divina. Cuando lo apuntan con un arma y el atacante lo libera, es porque la misericordia de Dios ha intervenido milagrosamente. Cuando Jesús ordenó que los demonios salieran de la gente, y obedecieron y las personas volvieron a estar sanas y normales, creo que fue un milagro sobrenatural. Cuando un pecador viene a Cristo y su vida es traspasada del reino de las tinieblas al reino de la luz, esto también es un acto sobrenatural de Dios. Cuando una persona es liberada de maldiciones generacionales y su vida es transformada por la Palabra de Dios, ha sucedido un hecho milagroso.

Tanto la sanidad como el milagro necesitan una intervención o participación divina. Nuestra fe *activa* y el poder de Dios para sanar son la combinación necesaria para recibir la sanidad o el milagro.

Fe audaz y actitud osada

Mi abuela era conocida como una audaz leona en el mundo espiritual. Ella oraba con autoridad y arrojo temerario por los enfermos y heridos. Un día mi cuñada la llamó desesperada porque su hijo de seis años estaba teniendo un ataque de asma tras otro, lo que debilitaba y consumía al niño. Todas las terapias médicas posibles habían sido infructuosas. El chiquito estaba decaído y no podía dormir tranquilamente.

Mi abuela llegó a la casa del niño una mañana muy temprano. Cuando se abrió la puerta, no saludó a nadie ni preguntó dónde estaba el chico. Sin una palabra, mecánicamente, como un soldado autómata, subió las escaleras directamente hacia la habitación del niño. Ella jamás había entrado antes a esa casa, ni estaba informada de dónde estaba el dormitorio. Al entrar a la habitación llena de vapor, encontró al chiquito luchando para poder respirar, con una tos áspera e incontrolable. Inmediatamente dio una orden audaz y directa: "Espíritu de enfermedad, vete de este niño ahora mismo y no regreses jamás, en el nombre de Jesús". ¡Eso fue todo! No gritó, no se agitó, ni lo ungió con aceite; no suplicó a Dios ni hizo una larga oración, sino que dio una orden directa en el nombre de Jesús. El niño fue sanado instantáneamente. En ese mismo momento tuvo lugar una transformación total.

Él creció; de ser un niño débil, delgado y enfermizo, se transformó en un muchacho robusto y saludable, y jamás volvió a tener asma. Yo era una adolescente, pero lo recuerdo vívidamente. En la actualidad visito con este hombre que está casado y tiene hijos grandes y todavía recordamos aquella maravillosa sanidad sobrenatural y muchas otras intervenciones divinas que Dios ha hecho en nuestra familia.

¿Qué le dio a mi abuela la capacidad para disponer de tal poder con Dios? Creo que fue su obediencia y dependencia de la Palabra de Dios. No solo era consciente de su posición en Cristo y de qué dice la Biblia sobre nuestra autoridad en el nombre de Jesús, sino que también había aprendido a desarrollar intrepidez y a actuar con audacia contra el enemigo. Sabía que el poder de Cristo Jesús en ella era mayor que el poder del enemigo y que Satanás ya fue derrotado en la cruz del Calvario.

Cada hogar al que ella entraba ya no era el mismo cuando se iba. La enfermedad, la fiebre, los demonios y la confusión tenían que irse cuando la abuela declaraba la Palabra.

Echar fuera el temor

Jesús nos enseñó a poner las manos sobre los enfermos. No debemos permitir que el temor nos impida obedecer esta orden (Marcos 16:18). Debemos desarrollar una actitud intrépida cuando oramos por milagros de sanidad. La duda debe ser arrastrada hacia afuera como un cadáver. Cuando desarrollemos una actitud positiva y un lenguaje de fe atrevido comenzaremos a ver milagros.

El temor debe ser echado de nuestros corazones. Mucha gente nunca recibe nada porque tiene sentimientos de inferioridad y timidez. El miedo y la fe no pueden actuar al mismo tiempo. Debemos vivir en el Espíritu conscientes de que nuestra fe activa es lo que mueve la mano de Dios. Nuestros temores serán derrotados cuando nuestra alma sea restaurada. Satanás no será capaz de confundirnos ni de evitar que obedezcamos la Palabra Dios. La fe para recibir sanidad viene de la Palabra de Dios.

El rol de la oración apasionada en la sanidad

Nuestro tiempo de oración no debería ser para rogar a Dios algo, sino para expresar nuestra fe en que Él es capaz de cumplir su Palabra. Cuando oramos la Palabra de Dios, nuestra esperanza se transforma en fe. La oración de fe soltará nuestra fe para la *acción* y producirá maravillosos resultados.

El peor enemigo de nuestra fe es una mente no renovada, porque produce incredulidad. La oración de fe es una parte vital del proceso de sanidad. El acuerdo con la Palabra de Dios hará que se muevan enormes montañas de enfermedad y problemas.

Comience la oración con la Palabra de Dios en su boca. Tome su arma, la espada del Espíritu para derrotar a Satanás.

Oraciones fervientes y eficaces de acuerdo con la Palabra de Dios ministrarán sanidad a su cuerpo y al enfermo. La fe verdadera es específica: las oraciones poco claras y dubitativas no pueden completar la tarea. Para que sucedan milagros no debemos dudar en nuestros corazones, sino permanecer totalmente concentrados y convencidos de que Dios es capaz de cumplir lo que ha prometido (Romanos 4:20–21). Nuestro deseo de un milagro debe ser tan intenso como para que creamos en nuestros espíritus que ya está hecho (Marcos 11:24).

La ciencia ha probado que, como las huellas digitales, la voz de cada ser humano tiene lo que se llama un *sello*. Su *sello vocal*, como sus huellas digitales, es diferente de todas las demás voces. Dios el Padre conoce su voz y espera oírla cuando usted lo alaba cada día. Si usted cree que Dios lo está oyendo orará con fe y expectativa (Santiago 5:16; Efesios 6:17–18).

Recuerdo que durante muchos años tuve la visión de alcanzar a millones de personas con un mensaje que Dios había puesto en mi corazón: "Satanás, no puedes quitarme mis hijos, ni mi matrimonio, ni mi milagro, ni mi herencia, ni mi cuerpo". Tuve la visión y alabé a Dios por su tiempo y su cumplimiento. Mientras tanto, me preparé y seguí escribiendo y enseñando donde me invitaban. Un día se abrieron las puertas a través de mi primer libro *Satanás, ¡mis hijos no son tuyos!* Mis apasionadas oraciones, mi persistencia y preparación dieron fruto. Muchos están recibiendo aliento, esperanza e instrucción para levantarse y oponer resistencia al enemigo. Sus oraciones poderosas moverán montañas. ¡El milagro está en su boca!

Sanidad de enfermedades incurables y hereditarias

Aunque estoy disfrutando cuarenta y un años de matrimonio, también he estado enfrentando activamente durante diecisiete años una enfermedad desgastante: una enfermedad sin cura médica y por la cual tomo medicación. Muchas veces tuve ganas de dejar todo, retirarme del ministerio y escribir, tener una vida pasiva. En retrospectiva puedo ver cómo al enemigo le hubiera encantado que yo abandonara todo, me convirtiera en una amargada y me adaptara a una vida de quejas e inestabilidad.

En lugar de ello, elegí creer y aplicar la Palabra de Dios a mi mente y a mi cuerpo. Mi práctica diaria incluye agradecer a Dios por sanarme y declarar que estoy sana por fe, a pesar de que no veo una manifestación completa. Mi búsqueda de sanidad me ha llevado a consultar muchos médicos y diferentes terapias. El dolor de mi cuerpo se ha convertido en un frecuente compañero no bienvenido, al que sujeto con oración y confesión cada noche y cada mañana. ¿Me quejo y mascullo todo el tiempo? Pregúntele a mi esposo y a mis hijas. Ellos le dirán que casi nunca me quejo. Ellos se dan cuenta de que estoy sufriendo cuando ven que trato de alcanzar el medicamento para el dolor. Tengo una tremenda paz y sé que Jesús es el sanador, reciba o no la sanidad total. Mi vida ha llegado a ser para mucha gente un franco testimonio del poder vigorizante de Dios.

Cuando debo hablar frente a una audiencia, el Espíritu Santo me sustenta y me permite hablar sin dolor ni incomodidad. Me siento con vigor. Viajo todo el tiempo; a veces cruzo continentes, y Dios ha sido fiel conmigo. Recuerdo que hace algunas semanas estaba atravesando el aeropuerto tan rápido como me era posible desde una terminal a la otra para hacer una conexión. Al principio creí que me iba a rendir por el dolor y que no lograría llegar a tiempo, pero al saltar de una cinta mecánica a la otra empecé a confesar la escritura una y otra vez: "Todo lo puedo en Cristo que me fortalece" (Filipenses 4:13). Estaba llena de júbilo y exaltada cuando llegué a la compuerta sin nada de dolor en mi cuerpo. El poder sobrenatural de la Palabra de Dios tomó el control cuando confesé y creí que podía correr y saltar y no sentirme cansada ni extenuada. "Contigo desbarataré ejércitos, y con mi Dios asaltaré los muros" (Salmos 18:29).[3]

Mi audaz confesión

Hace varios meses, cuando comencé a escribir este libro sobre el poder milagroso de Dios para sanar, hice una osada afirmación a mi Padre celestial:

Mi Abba Padre, creo que mientras escribo este libro sobre tu milagroso poder para sanar y transformar las vidas de las personas, recibiré el milagro de la sanidad, ¡porque no hay nada imposible para ti!

Comencé a actuar con atrevimiento, con mi fe en una nueva dimensión. Me emociona tanto poder anunciar que mis últimos estudios de hace algunas semanas fueron los partes médicos más maravillosos que recibí en los últimos dieciocho años. ¡Todo estaba normal! ¡Nada dio negativo! ¡Alabado sea Dios! Mi doctor se niega a reconocer el milagro que ocurrió, pero afirma que he entrado en una repentina remisión, aunque yo elijo creer que mi Dios me ha sanado milagrosamente de lo que los doctores afirmaban que era una enfermedad incurable. Por primera vez en mucho tiempo, los dedos no me duelen cuando tecleo y mis rodillas no duelen si estoy sentada por algunas horas.

El doctor que me atendió durante muchos años me decía que yo necesitaba aumentar la dosis de cortisona y agregar diferentes medicamentos, y lo intenté en diversas ocasiones, pero solo empeoraban mi situación. Él había perdido una hija adulta por la misma enfermedad y era inflexible en cuanto a que debía seguir su consejo. Aunque no le recomiendo a nadie que siga mi ejemplo de no tomar todas las medicinas prescriptas en una situación similar, sí recomiendo que siga mi consejo que está al final de este capítulo: declarar y confesar la Palabra de Dios para edificar su fe y recibir un milagro de sanidad.

Su confesión de la Palabra de Dios no es lo que lo sanará, pero fortalecerá su fe. Su fe y obediencia en acción destronarán todos los ataques de Satanás contra usted. No importa con qué enfermedad esté lidiando, o si está luchando contra el cáncer u otra enfermedad incurable, ¡nada es imposible para mi Dios! Jesús dijo:

> Lo que es imposible para los hombres, es posible para Dios.
>
> —Lucas 18:27

Me gusta tomar la Palabra de Dios literalmente y aplicarla a todas las circunstancias, *especialmente aquellas que un experto dice y cree que son imposibles de superar.* Estoy muy entusiasmada y motivada para hacer llegar este mensaje a millones de personas que sufren en silencio. ¡Yo todavía me estoy deleitando con mi milagro! Puedo dormir en la posición que quiero. Puedo subir y bajar las escaleras corriendo. Puedo teclear con mucha rapidez. ¡Guau! ¡A qué Dios impresionante y milagroso servimos! ¿Qué está esperando usted? Lea este libro varias veces. Márquelo, y agregue sus propias escrituras y oraciones. No olvide sus sacrificios espirituales, como verá al final de este capítulo. Es lo más destacado de mi milagro.

Indispensable: la sangre de Jesús y la ayuda del Espíritu Santo

Después de hacer todas estas cosas que le estoy recomendando, ¡desperté sana! Crea usted en estas cosas o no, de verdad resultan. La sangre de Jesús es el bálsamo, la fuerza, el poder y el medio por el cual la Biblia dice que usted ya ha sido sanado. Alabe a Dios. El Espíritu Santo será su maestro y le revelará la Palabra de Dios. Usted no puede dejar estas dos cosas fuera de la ecuación. Puede ser que se dé por vencido si no toma todo el paquete que Dios le ha concedido para que disfrute, y por el que ha pagado un gran precio. Escribo en español sencillo para que usted entienda el mensaje. Muchos de ustedes sí entienden y probablemente podrían escribir esto con un estilo mucho más bonito que el mío, pero Dios me está usando en este preciso momento para revelar y presentar este mensaje con claridad a millones de personas heridas y desgraciadas que desconocen el don precioso y maravilloso que Dios nos ha conferido, ¡Jesucristo, nuestro Sanador y Redentor!

Estoy aquí escribiendo para abrir sus ojos espirituales para que entienda la dimensión sobrenatural en la que está envuelto, la discierna o no. Quiero interrumpir su pensamiento para que vea nuevas visiones, tenga un nuevo entendimiento y capacidad para conocer la grandeza de Dios, y para ayudarlo a recibir su sanidad y la transformación de su alma.

La Biblia declara que somos un sacerdocio santo. La sanidad y la restauración les pertenecen a los hijos de Dios. Cuando la economía anda mal, nuestra economía debería estar bien. Cuando las tormentas sacuden su barca, Jesús debería estar allí, con usted, aquietando esas tormentas. Cuando los doctores dicen que su diagnóstico es positivo e incurable, la Palabra de Dios dice: "¡No! ¡Créeme! ¡Pídeme que mueva la montaña!" ¡Tenga fe en Dios!

Cultive su grano de mostaza

El ministerio de mi esposo y el mío demandan que viajemos mucho además de largas horas de preparación y enseñanza. Esos viajes nos han llevado a muchas ciudades y países por todo el mundo. Mientras escribo en este momento, estoy sentada en un avión de París a Dallas, Texas, después de haber pasado diez días en Florencia, Italia, donde di varias conferencias para la familia. Dios, en su misericordia, ha cumplido con mis expectativas. Creo que la expectativa es esperanza, perspectiva, confianza, entusiasmo y ganas de algo. La expectativa es una cualidad necesaria para superar las circunstancias adversas. Mi expectativa es que Dios cumpla su Palabra en su cuerpo como lo ha hecho en el mío y en mi vida. Creo que al caminar en fe y en obediencia, la semilla de mostaza de fe que la Biblia declara que podemos poseer comienza a hacerse más y más grande, y puedo ver cómo lo milagroso se desarrolla frente a mis propios ojos.

La minúscula semilla crece hasta convertirse en un inmenso árbol con ramas y hojas. Los pájaros disfrutan al posarse y hacer nidos en sus ramas. Así mismo sucede con una persona que desarrolla su fe: crece espiritualmente hasta convertirse en un enorme y fructífero árbol. Las personas se acercarán e irán a usted por ayuda y ministración. Mientras desarrolla y cultiva su fe aprenderá a creer en Dios para lo imposible. Verá y experimentará la intervención divina y milagrosa del Dios todopoderoso en su propia vida.

> Jesús les dijo: Por vuestra poca fe; porque de cierto os digo, que si tuviereis fe como un grano de mostaza, diréis a este monte: Pásate de aquí allá, y se pasará; y nada os será imposible.
>
> —Mateo 17:20

La Biblia dice que a todos se nos ha dado una medida de fe (Romanos 12:3). ¡Hasta un diminuto trocito de fe del tamaño de un grano de mostaza puede producir una sanidad! Lo desafío a que comience a poner su fe en acción y crea en Dios para los milagros, las sanidades y la restauración de su alma.

Dios quiere sanar a su pueblo y protegerlo de accidentes y de todas las estrategias de Satanás. No permita que sus sentimientos sofoquen su fe. Si la Palabra de Dios dice que por las llagas de Jesús somos sanados, acéptelo. Declare las escrituras y las oraciones que están al final de esta sección para edificar su fe. Comience a cerrar en su vida cada puerta que le haya dado permiso al enemigo para hostigarlo con enfermedades y con problemas.

¿Por qué tantos cristianos están enfermos u oprimidos?

Enfermedades y dolencias tocan a casi todas las familias de la tierra. Muchas personas enfermas gastan toda su fortuna en remedios, dietas, medicaciones y doctores, pero empeoran día a día. Creo que la razón por la que más cristianos no reciben sanidad es por la falta de conocimiento y de obediencia. No saben o no entienden lo que la Palabra de Dios dice que el sacrificio de Jesús en la cruz del Calvario pagó por ellos. Otros cristianos simplemente no saben cómo orar y alabar a Dios. A otros les cuesta obedecer los principios de Dios para la sanidad divina. Se estima que al menos el 80 por ciento de la población de EE. UU. es cristiana. Pero el porcentaje de enfermos es más o menos el mismo que entre los no cristianos, que no creen en Jesús como nuestro sanador.

A menudo oigo personas enfermas que dicen: "No estoy segura de si sanarme será la voluntad de Dios si tan solo pudiera saberlo. Quizás deba permanecer enferma para mantenerme humilde o para edificar mi fe". Cuando la Palabra de Dios promete sanidad en el nuevo pacto, no deberíamos preguntar ni decir: "Si es tu voluntad". Esto implica una falta de fe.

La duda y la incredulidad son mortales: matan su fe, y sin fe usted jamás obtendrá las promesas que son legalmente suyas. Esté atento a su corazón y guarde con diligencia lo que permite que entre a su vida. Cada persona que permite que entre a su vida plantará semillas, como hicieron los fariseos en las vidas de los discípulos. Si Satanás puede hacer que una semilla de duda e incredulidad se plante en usted, estará en camino de robarle su fe. Si el enemigo puede robarle la fe, podrá robarle todo en su vida y todo lo que Dios preparó para usted. Un estilo de vida de duda le dice a Dios que es un mentiroso y que no se puede confiar en Él. La duda y la incredulidad evitan que usted obtenga la prosperidad que Dios declara que es suya. Elija no caer en la trampa del enemigo y escoja creer en Dios, *sin importar lo que suceda*. Él es su sanador y su libertador (Mateo 21:21; 13:58).

¡Su sanidad está garantizada!

Jesucristo dio su vida en sacrificio. Isaías 53 nos asegura que Cristo llevó nuestros dolores, penas, sufrimientos, aflicciones, transgresiones, iniquidades y todos nuestros pecados. Por su llaga, por sus heridas, por su muerte y su resurrección nosotros somos sanados. En el reino de Dios, todo se recibe por fe. Sin fe no se puede recibir. Usted recibe sanidad de la misma manera en que recibe la salvación. Usted confiesa y cree de corazón. Es nuestro divino nuevo nacimiento (herencia, derecho, legado y privilegio). No se conforme con menos que lo mejor que Dios tiene para usted.

¿Con qué cosa ha estado batallando por tanto tiempo? Tiene que tomar una decisión, o permanece en la misma situación o decide entregársela a Dios y se atreve a creer que Él hará una milagrosa sanidad y transformación. Su fe en acción comenzará a desalojar a los malignos ocupantes. Es su decisión.

Sin importar cuáles sean sus circunstancias, Abba Padre está listo para encontrarse con usted exactamente donde usted esté. Todo lo que Dios necesita es su fe, que usted crea que Él está dispuesto a sanarlo. *La fe es confianza*. Cuando usted confía en alguien, ama y respeta a esa persona. Dios el Padre es igual con nosotros. Él nos ama incondicionalmente. *Cuando nos rendimos a su amor y obedecemos su Palabra, Él hace*. Sus dones son extremadamente valiosos e inestimables.

Usted no tiene que hacer sacrificios ni recitar las escrituras día y noche. La razón por la que le doy una lista de escrituras y declaraciones al final de cada sección es porque ellas fortalecerán su fe y le enseñarán cómo mantenerse en contacto y en relación con su sanador y Salvador. Hay algo único al declarar la Palabra de Dios. Pone a los ángeles en alerta y hace huir a los espíritus malignos. Ellos no pueden traspasar sus fronteras espirituales si están reforzadas con oración y con la Palabra de Dios. Piense en esto. Es algo que transforma su vida. Cuando usted guarda la Palabra de Dios en su corazón y en su mente, se convierte en una cuerda de salvamento y de salud para todo su cuerpo. Tomo y cito literalmente Proverbios 4:20–22 todos los días ¡porque creo que Dios es el Verbo y que Él es *vida*!

Sus oraciones y declaraciones sobre la Palabra de Dios no son para mover la mano de Dios a su favor sino para fortalecer su hombre interior y acrecentar su fe. Dios se mueve por compasión y amor. Lo único que tenemos que hacer es rendirnos a su voluntad, obedecer su Palabra y amarnos unos a otros.

¿Tenemos que hacer sacrificios para recibir sanidad?

Por favor no salte esta poderosa sección. Los únicos sacrificios mencionados en el Nuevo Testamento son los *sacrificios de alabanza, de acción de gracias y de júbilo.* No sé en su caso, pero para mí esto fue liberador. No tengo que hacer sacrificios con ruegos, ni con confesiones, memorizando oraciones ni ayunando, yendo a todas las reuniones de la iglesia, con cara seria todo el día, ni abstenernos de ciertas cosas. No tengo que realizar sacrificios matando un animal todos los días, como hacía Job por cada uno de los miembros de su familia (Job 1). Dios nos ama y ama nuestra alabanza y nuestra adoración, nuestra acción de gracias y nuestro júbilo.

Sacrificar es ofrecerle algo a Dios. *Sacrificar* significa: "entregar algo de valor, hacer una ofrenda, rendirse, matar, renunciar, dedicar, consagrar y beneficiar". Un sacrificio le costará tiempo, concentración, matar la carne, rendir su voluntad por un motivo superior. El beneficio que recibimos es incalculable. Cada sacrificio que hacemos es compensado y devuelto con todas las promesas y tesoros de Dios.

Sacrificios de alabanza, acción de gracias y júbilo

Cuando llevamos nuestros sacrificios de *alabanza, acción de gracias y júbilo* a Dios le estamos diciendo que quisiéramos morir a nuestros propios deseos y entendimiento y que anhelamos amarlo y confiar en Él completamente.

Los sacrificios de alabanza y acción de gracias

En la atmósfera santa de la alabanza y adoración es donde se comienzan a manifestar las sanidades, los milagros y la transformación del alma, y la gloria de Dios comienza a limpiar y a cambiar nuestra naturaleza carnal en la naturaleza y el carácter de Cristo. Estamos orando literalmente con nuestro corazón, alma y espíritu. El resultado es siempre la transmisión de las infinitas bendiciones de Dios, su sabiduría, conocimiento y entendimiento. Cuando usted realmente entienda la verdad, comenzará a recuperar y restaurar todo lo que Satanás le ha robado. Los demonios no pueden resistir la alabanza de los hijos de Dios. *¡Guau!* ¡Soy una creyente! Disfruto cada momento de mi vida.

Cuando usted se sienta desanimado y un espíritu de confusión trate de invadir su pensamiento, comience a ofrecer sacrificio de alabanza y acción de gracias; encontrará que esa paz de Dios lo cubrirá como un escudo de protección y el ángel del Señor acampará alrededor de usted y lo defenderá (Salmos 34:7). Recuerdo la protección de Dios durante un asalto y cómo tuve que ofrecer un *sacrificio de alabanza y acción de gracias* antes de dejar la habitación del hotel.

Ser víctima de un asalto es una experiencia apabullante. El aturdimiento parece paralizar a la persona y la convierte en una víctima del depredador. Hace dos años estaba en México con mi esposo esperando en un semáforo, cuando de repente la puerta del vehículo se abrió abruptamente y un pistolero apuntó un arma contra la cara del conductor y le exigió que le entregara joyas y efectivo. Sus ojos se lanzaron rápidamente hacia el asiento trasero en el que estábamos mi esposo y yo. Nos apuntó con su arma y exigió que nos quitáramos todas las joyas y le diéramos el efectivo. La luz todavía seguía en rojo, y él quería que obedeciéramos sus órdenes con rapidez antes de que cambiara a verde. Todo lo que recuerdo de ese rápido momento es que hice una oración en silencio: "Satanás, la sangre de Cristo está contra ti. Ordeno al dedo de este hombre que se congele y él no pueda disparar el gatillo. Gracias, Padre". Se las arregló para largarse con dos relojes y a pesar de que reclamaba que me quitara mis joyas, milagrosamente no pude sacarme los aros de diamantes ni los anillos de matrimonio. Cambió la luz, y el asaltante desapareció. Nuestras vidas habían sido protegidas por la intervención divina. Nos contaron que muchos han muerto en medio del tránsito en situaciones similares. Inmediatamente me di cuenta de que aquella misma mañana había ofrecido un sacrificio de alabanza y acción de gracias y había declarado:

"Ningún arma forjada contra nosotros prosperará".

Dios protege a sus hijos en toda situación, ataque o accidente. Nunca deberíamos salir de la casa sin haber ofrecido un *sacrificio de alabanza y acción de gracias*. No debemos tener miedo de orar con audacia, aunque nuestras rodillas estén temblando. Nuestras acciones determinan el resultado de cada situación.

El sacrificio de júbilo

Júbilo significa: "deleite, placer, disfrute, dicha, éxtasis, euforia, felicidad, alegría, emoción, asombro, triunfo y gozo". El *sacrificio de júbilo* es el más difícil de ofrecer a Dios. Si usted está deprimido y oprimido por demonios, puede que frunza el ceño ante la palabra *júbilo*. Quizás le sea más fácil alabar a Dios que darle gracias. Pero cuando estamos tristes o afligidos, atravesando tormentas y dificultades en la vida, o cuando la enfermedad aflige nuestros cuerpos, entonces se convierte en un verdadero *sacrificio* levantar nuestra voz y ofrecer un *sacrificio de júbilo*. Pero permítame compartirle un secreto.

La Biblia dice que *el gozo del Señor es nuestra fortaleza* (Nehemías 8:10). La fortaleza es poder. El poder es una actitud de resistencia emocional. La fortaleza en una capacidad defensiva. La fortaleza es eficacia para lograr el éxito. La fortaleza lo hace a usted superarse progresivamente. Ofrecemos este tipo de sacrificio al cantar melodías, danzar, recitar salmos y declarar en voz alta las cosas que no son como si fueran, sonriendo, riendo, batiendo palmas y regocijándonos en lo que el Señor dice de nosotros.

Mi preciosa madre, que tiene ochenta y tres años y está postrada en cama, quizás no pueda sentarse, caminar ni hacer muchas de las cosas que antes hacía, pero usted se sorprendería si la viera demostrar su alabanza, acción de gracias y júbilo. Su hombre interior es fuerte y seguro. Su mente no sufre de Alzheimer. No puede oír muy bien, pero cuando alguien entra a su habitación sus manos se levantan al cielo en sacrificio de júbilo. Todo aquel que la visita recibe una gran sonrisa, una bendición, una palabra de aliento y canciones de hace muchos años.

Todas las mañanas siento la bondad de Dios invadir mi atmósfera. Mi hogar tiene paz. La sanidad recibe a cada visitante. Dios es un Padre misericordioso y desea bendecirlo a usted plenamente. Es por su gracia (amabilidad, bendición, misericordia, generosidad y favor divino) que recibimos todas las cosas buenas. La gracia es un don. Dios desea nuestro amor. Él quiere amarnos apasionadamente. Entre más nos acerquemos al Espíritu Santo, más aprenderemos a amar a Dios con todo nuestro corazón. Dios Padre quiere regarnos con una lluvia de sanidades y bendiciones milagrosas.

Escrituras y oraciones para edificar
su fe y recibir sanidad

Sacrificio de alabanza y adoración

Padre celestial, entro a tus atrios con alabanza y adoración, porque solo Tú eres santo y digno de ser alabado. Alzo mis manos en entrega a ti y exalto y glorifico tu nombre. Te alabaré, oh Señor, porque tu misericordia es para siempre. Mi corazón se acerca a ti buscando adorarte en espíritu y en verdad. Tu Palabra declara en 1 Pedro 2:5 que somos sacerdocio santo, para ofrecer sacrificios espirituales aceptables a Dios por medio de Jesucristo. Te glorifico, te honro y magnifico tu santo nombre (Juan 4:23–24).

Así que, ofrezcamos siempre a Dios, por medio de él, sacrificio de alabanza, es decir, fruto de labios que confiesan su nombre.

—Hebreos 13:15

Sacrificio de acción de gracias

Mi Señor y Salvador, te doy gracias por darme vida y por soplar tu Espíritu en mi espíritu. Gracias por salvarme y por transformar mi vida. Gracias por dirigir mis pasos cada día. Gracias porque soy justificado y acepto en Cristo Jesús. Gracias por tu provisión y protección de cada día. Gracias por renovar mi mente cuando estudio tu Palabra. Gracias por bendecir a mi familia y por guardarnos del mal. Gracias por guardarme de toda tentación y decisiones equivocadas. Gracias por sanar mi cuerpo y fortalecer mis huesos. Gracias por el Espíritu de sabiduría y de revelación.

Continúe agregando su agradecimiento a esta oración. Si necesita practicar, comience a recitar algunos de los Salmos de alabanza y acción de gracias.

Señor, te ofreceré sacrificio de alabanza y publicaré tus obras con júbilo (Salmos 107:22).

Señor, no estaré afanosa por nada, sino que en toda oración y ruego, con acción de gracias, daré a conocer mis peticiones delante de Dios (Filipenses 4:6).

Te ofreceré sacrificio de alabanza, e invocaré el nombre de Jehová

—Salmos 116:17

Alabaré a Jehová conforme a su justicia, Y cantaré al nombre de Jehová el Altísimo.

—Salmos 7:17

Sacrificio de júbilo

Mi Señor, te ofrezco un sacrificio de júbilo. Cantaré alabanzas al Señor, porque Tú eres mi supremo gozo, mi Dios y mi rey. Me regocijo por pertenecerte a ti. Me regocijo porque Cristo murió por nosotros y por el gozo de obtener el precio ante Él, soportando la cruz de manera que pudiéramos ser librados del reino de las tinieblas y devueltos al reino de la luz. Yo también ofrezco sacrificio de júbilo, soportando toda penuria por el gozo de la vida eterna. El gozo del Señor es mi fortaleza (Hebreos 12:2; Nehemías 8:10).

Y ahora levanto mi cabeza sobre mis enemigos que me rodean, y ofrezco sacrificios de júbilo a ti, mi Señor. Cantaré, sí. Entonaré alabanzas al Señor (Salmos 27:6).

Señor, traeré mis alabanzas al altar de Dios, al Dios de la alegría y de mi gozo. Siempre te alabaré, oh Dios, Dios mío (Salmos 43:4).

Mi rey, alabo tu nombre con canciones de júbilo y con danza. Me regocijo porque solo tu puedes llenar mi corazón con alegría (Salmos 149:3).

Oraciones para recibir sanidad

Padre, creo que cuando presto atención a tu Palabra, medito en ella y guardo tus dichos en mi corazón, tus Palabras son vida y salud para mi cuerpo. Te agradezco, Padre, por estas promesas. Aplico esta verdad como medicina ¡y declaro que soy sanada por completo, en el nombre de Jesús!

Hijo mío, está atento a mis palabras;
Inclina tu oído a mis razones.
No se aparten de tus ojos;
Guárdalas en medio de tu corazón;
Porque son vida a los que las hallan,
Y medicina a todo su cuerpo.
—Proverbios 4:20–22

Declaro que el Espíritu de Dios que levantó a Jesús de entre los muertos vive en mí, limpiando cada área de mi cuerpo atacada por la enfermedad. Rechazo todo padecimiento, dolencia, pestilencia y cada cosa maloliente y nauseabunda que haya atacado a mi cuerpo. Me libro ya mismo de su lazo en el nombre de Jesús (Romanos 8:11; Salmos 91:3).

Padre, creo que por las llagas de Jesús yo soy sanado. Me libero de todo espíritu de enfermedad que ataca mi cuerpo, en el nombre de Jesús (Isaías 53:5).

Dolor, inflamación, hinchazón, migrañas, artritis y fibromialgia

Echo fuera todo espíritu de dolor, inflamación, hinchazón, migrañas, artritis y fibromialgia causado por herencias, accidentes o maldiciones generacionales. Aplico la sangre de Jesús a mi cuerpo ¡y declaro que soy sanada! Levanto el escudo de la fe y en el nombre de Jesús apago todos los dardos de fuego del maligno (Efesios. 6:16).

Debilidad, virus

Padre, creo que Cristo se llevó nuestras enfermedades (dolencias, discapacidades o falta de fuerza) y declaro que la sangre de Jesús me limpia y me hace nuevo (Mateo 8:17).

En nombre de Jesús ninguna enfermedad maligna se me pegará. Quiebro el poder con que el maligno atormenta mi cuerpo (Salmos 41:8).

Enfermedad coronaria

Maldigo la raíz de toda enfermedad coronaria. Rompo su poder sobre mí y sobre mis hijos y los hijos de mis hijos. Declaro que tengo un corazón sano y larga vida, en el nombre de Jesús (Proverbios 14:30).

Padre, tu Palabra dice que los que buscan a Jehová no tendrán falta de ningún bien. Te agradezco por sanar mi cuerpo (Salmos 34:10).

Cáncer, fiebre, dolencias, aflicción, enfermedad, desórdenes, sufrimiento

Padre, tu Palabra declara que muchas son las aflicciones del justo, pero de todas ellas lo librará el Señor. Gracias por librarme de mi aflicción. Maldigo la raíz del cáncer, la fiebre y la pestilencia. ¡Echo fuera estos espíritus torturadores de padecimiento en el nombre de Jesús! No tienen autoridad sobre mi cuerpo. ¡He sido redimido de la maldición de la enfermedad y la dolencia! Le ordeno a cada planta que mi Padre celestial no haya plantado que sea desarraigada, en el nombre de Jesús (Salmos 34:19; Habacuc 3:5; Mateo 15:13).

Diabetes, artritis, dolor en las rodillas, piernas, manos, forúnculos y úlceras

Padre Dios, creo que por medio de Cristo hemos sido redimidos de la maldición de la ley y de todas las maldiciones listadas en Deuteronomio. En el nombre de Jesús, quiebro el poder de toda dolencia que cause diabetes, artritis y dolor en mis rodillas, piernas, manos, forúnculos graves y úlceras que se niegan a ser sanados, y desde las plantas de mis pies hasta la coronilla, le ordeno a mi cuerpo que sea sano por completo, en el nombre de Jesús (Gálatas. 3:13–14; Deuteronomio 28:35; Isaías 35:3; Hebreos 12:12–13).

Padre, tu Palabra declara que todo el que pide, recibe, y aquél que busca, halla, y a aquél que golpea se le abrirá. Yo busco tu rostro y pido en fe. Gracias por tu poder sanador que se lleva toda enfermedad y dolencia de mi cuerpo (Mateo 7:8).

Pestilencia (epidemia, plaga, virus, pandemia, enfermedad mortal, peste bubónica)

Padre, tu Palabra dice que nos librarás del lazo del cazador y de la peste destructora. Creo en tu Palabra. En el nombre de Jesús, resisto al diablo y debe huir de mí. Maldigo toda raíz de enfermedad y pestilencia que ataque mi cuerpo y el de quienes amo. Aplico la sangre de Jesús y decreto que mayor es Cristo en mí. Ningún arma forjada contra mí prosperará, en el nombre de Jesús (Salmos 91:3, 6; Santiago 4:7; Isaías 54:17).

Sangre y huesos (presión arterial, leucemia, diabetes, anemia, osteoporosis)

Padre, tu palabra declara que por las llagas de Jesús yo soy sanada y que si temo al Señor y me aparto del mal, será medicina a mi cuerpo y refrigerio para mis huesos. Creo que soy el templo de Dios y que el Espíritu de Dios mora en mí. Te agradezco, Padre, por limpiar y restaurar mis frágiles huesos. Tu Palabra dice que guardas mis huesos y que ninguno será quebrado. Creo que tu Palabra penetra hasta mis coyunturas y tuétanos y que camino en salud divina. En el nombre de Jesús, maldigo la raíz de dolencia y enfermedad en mi sangre, mis coyunturas y tuétano. Declaro sanidad total para todo mi cuerpo. Maldigo la raíz de toda enfermedad hereditaria y generacional en mi familia y en mi línea de sangre. En el nombre de Jesús por el poder de su sangre declaro que soy sanado (Proverbios 3:5–8; Hebreos 4:12; Joel 3:21; 1 Corintios 3:16; Salmos 6:2; 34:20; Isaías 58:11).

Estado nervioso

Padre, gracias porque eres mi amparo y fortaleza, mi pronto auxilio en la tribulación. Eres fiel y prometes afirmarme y guardarme del mal. Declaro que eres mi confianza, y preservarás mi pie de quedar preso. Padre, te recuerdo tu Palabra que dice que eche sobre el Señor mi carga y tú me sustentarás. Necesito ayuda. Gracias por darme la fortaleza para vencer el poder del enemigo. Ahora tomo autoridad sobre todo plan y estrategia del enemigo contra mi vida. En el nombre de Jesús, reprendo al enemigo y debe huir de mí. Ato todo espíritu demoníaco que ataque mi sistema nervioso y suelto paz de Dios en mi vida en este momento (Salmos 46:1; 2 Tesalonicenses 3:3; Proverbios 3:26; Salmos 55:22).

Oración sanadora para restaurar el sistema inmunológico, sanar el cansancio y los dolores de las articulaciones

Ordeno a mi sistema inmunológico que sea restaurado. Le ordeno que sea eficaz al detener las enfermedades, gérmenes y virus en mi cuerpo, en el nombre de Jesús. Les ordeno a todas las frecuencias eléctricas y magnéticas de mi cuerpo que regresen a su armonía y equilibrio natural. Ordeno a todos los priones que se disuelvan completamente y sean desechados de mi cuerpo. Ordeno la sanidad de todas las células afectadas por estos priones, en el nombre de Jesús.[4]

Oración de acuerdo para recibir sanidad

Cuando la oración de acuerdo se hace según Mateo 18:18–20, abarcará toda condición y situación que necesite intervención divina.

De cierto os digo que todo lo que atéis en la tierra, será atado en el cielo; y todo lo que desatéis en la tierra, será desatado en el cielo. Otra vez os digo, que si dos de vosotros se pusieren de acuerdo en la tierra acerca de cualquiera cosa que pidieren, les será hecho por mi Padre que está en los cielos. Porque donde están dos o tres congregados en mi nombre, allí estoy yo en medio de ellos.

—Mateo 18:18–20

Quizás no haya mencionado su problema en esta sección. No importa cuál sea su enfermedad, dolencia o desorden, Cristo Jesús está listo para sanarlo. ¿Ha leído esta sección cuidadosamente? ¿Ha rendido su corazón a Dios? ¿Se ha limpiado de toda influencia maligna? ¿Ha preparado su corazón para recibir? Cuando esté listo, usted puede hacer la oración de acuerdo para recibir sanidad. Ya le he pedido al Espíritu Santo que intervenga a su favor. Crea de corazón que su oración es poderosa y que Dios lo sanará y restaurará. Puede decir esta oración varias veces hasta que tenga confianza en que se está rindiendo de todo corazón.

Oración de acuerdo

Dios Padre, vengo con audacia a tu presencia y me uno en esta oración de acuerdo con Iris Delgado [o con su compañero de oración], y te traigo a memoria Isaías 53:5 y 1 Pedro 2:24: Mas Él herido fue por nuestras rebeliones; el castigo de nuestra paz fue sobre Él y por su llaga fuimos nosotros curados. Padre, creemos y nos ponemos de acuerdo ya que Jesús pagó el precio por mi sanidad y restauración.

Padre, tu Palabra dice que la oración de fe salvará al enfermo, y el Señor lo levantará, y si hubiere cometido pecados, le serán perdonados (Santiago 5:15). También prometes en Éxodo 15:26 que tú eres el Señor nuestro Sanador. ¡Me opongo a las aflicciones y ataques del enemigo contra mi cuerpo, y declaro restauración y sanidad total en mi cuerpo en este momento en el nombre de Jesús! Por fe, ¡declaro que soy sanada!

En el nombre de Jesús, creo que soy sanada. Creo que recibo sanidad de [sea específico: nombre su enfermedad] _____. *Establecemos este acuerdo en el nombre de Jesús, ¡amén!*

Quizás usted no se atreva a hacer contra los poderes del mal oraciones tales como: "Oh, Señor, por favor ataca a mis enemigos y rómpeles los dientes". Pero David oró con osadía y en forma específica contra sus enemigos. "Levántate, Jehová; sálvame, Dios mío. Porque tú heriste a todos mis enemigos en la mejilla; los dientes de los perversos quebrantaste" (Salmos 3:7). No tenga miedo de ser osado y específico. Satanás no le tiene miedo a usted. Usted no debería tenerle miedo a él. El poder de Dios en usted es más grande que el poder del enemigo. Su fe activa y su participación derribarán los muros del enemigo.

La Palabra de Dios es medicina. Cuando usted ora y obedece a la Palabra de Dios, *es vida a los que la hallan, y medicina a todo su cuerpo* (Proverbios 4:20–22).

Testimonio de los efectos de la oración de acuerdo

Mi esposo y yo hemos aprendido a orar de acuerdo respecto a decisiones importantes y por protección divina para nuestra familia, ministerio y negocios. En una época teníamos una joyería. Todos nuestros empleados eran cristianos, y todas las mañanas hacíamos una oración de acuerdo para ser protegidos del mal. Entró un ladrón vestido con un impermeable y con las manos en los bolsillos. Inmediatamente mi esposo, que estaba en la parte de atrás, lo vio entrar y ordenó a los empleados que estaban allí atrás que oraran e intercedieran, mientras él venía hacia el frente del negocio. Un empleado le estaba preguntando al ladrón si podía ayudarlo en algo, ante lo cual él rápidamente le exigió que vaciara una vitrina en particular y que colocara todas las piezas en una bolsa que le arrojó, mientras al mismo tiempo apuntaba un arma a su estómago. Recuerdo mi oración específica: "Padre mío, gracias por tu protección. Resiste la mano del enemigo. Satanás, ato tu plan y ato a este hombre para que no dañe a nadie aquí, en el nombre de Jesús, amén".

Uno de nuestros empleados armado vio el revólver e inmediatamente apuntó al asaltante, y le dijo que arrojara su arma, pero en lugar de ello el ladrón giró balanceándose y apuntó al empleado con su arma. En segundos el atacante estaba huyendo del negocio con un balazo en la cabeza, y cayó fuera de la puerta de la tienda; murió al instante. Cuando llegó la policía felicitó a nuestro personal por un trabajo bien hecho. El agresor era un exconvicto con un largo historial de asaltos y había estado en otra joyería de esa ciudad de la que salió ileso después de una serie de disparos.

Creo que los ángeles de Dios estaban en el negocio supervisando todo. Nuestra guerra de oraciones de acuerdo instantáneamente pusieron a trabajar a los ángeles guerreros de Dios. "El que habita al abrigo del Altísimo morará bajo la sombra del Omnipotente" (Salmos 91:1). La sombra de Dios siempre está sobre los hijos que viven en su presencia. Si nuestra actitud hubiera sido diferente y hubiésemos mostrado miedo y pánico, nuestra situación podría haber sido muy distinta. Sus oraciones específicas y poderosas realizarán exactamente lo que usted les ordene hacer. Todos estábamos de acuerdo. Dios dice: "Tú haces, y yo haré. Obedece y yo te bendeciré. Envía la Palabra, y ella hará lo que le mando. Cree en fe, y yo haré".

4

Esperar y ordenar lo milagroso todos los días

El que habita al abrigo del Altísimo morará
bajo la sombra del Omnipotente.
—SALMOS 91:1

Hace algunos años estaba saliendo de un supermercado del sur de Florida, muy apurada por llegar a casa. Iba caminando con brío hacia mi auto mientras buscaba las llaves, y sentí que alguien me tironeaba el bolso; el atracador me hizo doler mucho el brazo cuando tironeaba de él con toda su fuerza. Mi primer instinto fue aferrarme al bolso y gritar. Era pleno día, y la gente observaba sin poder hacer nada, o sin querer intervenir. Recuerdo haber pedido a gritos ayuda a Dios. Me di cuenta de que el hombre estaba armado y de que mi vida estaba en peligro. Rápidamente solté el bolso y oí la voz del hombre que decía: "Suéltalo o te mato". Y salió corriendo con mi bolso en un auto que lo aguardaba.

Equipada y audaz: milagros de protección angélica

Todos los creyentes tienen una protección angélica a su disposición. Aparte de la hinchazón en el brazo y en la mano, salí ilesa. Creo que el milagro de la intervención sobrenatural de Dios salvó mi vida en ese momento. Mi situación parecía imprevisible, y Satanás tenía toda la intención de hacerme daño. ¡Eso es intervención divina! Esa mañana había cambiado de bolso y había dejado el que tenía joyas valiosas (los aros de diamantes además de las tarjetas de crédito) dentro de mi armario. En verdad no tuve una razón específica para cambiar de bolso, excepto que mis manos estaban adoloridas e hinchadas y el bolso me pesaba. Así que opté por uno más pequeño con lo estrictamente necesario para hacer una rápida compra de comestibles.

El Espíritu de Dios en mí ya estaba consciente de lo que iba a suceder. La sombra del Omnipotente me estaba cubriendo como cubre a cada creyente en Cristo Jesús. Me doy cuenta de que mucha gente tiene una obsesión con los ángeles, pero esto no es una obsesión. Esto se refiere a lo que dice la Palabra sobre los poderosos ángeles mensajeros de Dios; ellos siempre están listos para ayudarnos y defendernos de los ataques del enemigo.

> Pues a sus ángeles mandará acerca de ti,
>   que te guarden en todos tus caminos.
> En las manos te llevarán,
>   para que tu pie no tropiece en piedra.
> —Salmos 91:11–12

El apóstol Ronald Short, nuestro padre espiritual, nos enseñó que cuando hacemos guerra espiritual y ministramos a las personas que sufren tormentos, adicciones o enfermedades, un siervo de Dios debe tener una actitud y una disposición audaces. No puede haber dudas, titubeos, descreimiento o indecisión. Las oraciones deben ser audaces, directas, específicas, definidas y con la expectativa de que los milagros ocurrirán.

Mantener una vida de oración ferviente es absolutamente crítico para fortalecer su espíritu, mente y cuerpo y para convertirlo en alguien intrépido contra el enemigo. Su relación con el Espíritu Santo que le provee guía y sabiduría también depende de un hábito de oración ferviente y poderosa. Si usted es inconstante en esta área experimentará problemas y debilidad. "La oración eficaz del justo puede mucho" (Santiago 5:16).

Mi esposo tuvo un accidente de auto cuando iba a un programa cristiano de televisión con el presidente de la cadena. Justo cuando estaban girando en una curva muy cerrada en la autopista, un camión de dieciocho ruedas no llegó a doblar y chocó con el auto de mi esposo y contra el guardarraíl de cemento. El vehículo era un pequeño coche rentado que inmediatamente quedó aplastado por ambos lados. Tanto mi esposo como su compañero salieron sin un rasguño ni un dolor de cabeza: una intervención divina sobrenatural. ¡Sí! Este fue un milagro sobrenatural, y los mensajeros de Dios fueron veloces para intervenir a su favor.

Cuando respiramos la Palabra de Dios y ella mora en nuestro ser, controla y dirige nuestros pensamientos y nuestras acciones ¡somos renovados, actualizados, nos sentimos satisfechos, dirigidos, determinados, seguros y poderosos! El siguiente Salmo es una oración poderosa que nos recuerda la total atención de Dios hacia sus hijos. Memorice y personalice esta oración y dígala todos los días.

> Bendice, alma mía, a Jehová,
> Y bendiga todo mi ser su santo nombre.
> Bendice, alma mía, a Jehová,
> Y no olvides ninguno de sus beneficios.
> Él es quien perdona todas tus iniquidades,
> El que sana todas tus dolencias;
> El que rescata del hoyo tu vida,
> El que te corona de favores y misericordias;
> El que sacia de bien tu boca
> De modo que te rejuvenezcas como el águila.
> —Salmos 103:1–5

El milagro de protección de los ataques del enemigo

Mientras era asistente médico en Vietnam en los años más peligrosos de la guerra, 1968-1969, mi esposo estaba rodeado de balas y granadas que pasaban sobre su cabeza y por todos lados; cuidaba a los heridos y sacaba a muchos del peligro. Fue uno de los pocos que sobrevivieron de su batallón: intervención divina sobrenatural. Los padres que oraban y una congregación de su pueblo le creyeron a Dios y se pararon en la brecha. Esto prueba la eficacia de la intercesión y la oración unida. También es la prueba del poder de nuestras oraciones y de la impresionante misericordia de Dios.

El milagro de la protección en un accidente de auto

Mientras escribía este libro, una preciosa tarde, mi hija estaba conduciendo hacia casa desde su trabajo. Estaba hablando por el teléfono de manos libres con su prima en Florida. Todo parecía normal y el tráfico fluía sin problemas, cuando de repente sintió una inesperada y violenta sacudida contra la parte trasera de su vehículo. En un momento ella estaba sentada, ocupándose de sus asuntos, y en el siguiente escuchó y sintió el ruido del metal triturado que golpeó su cuerpo contra el volante, luego rebotó y rompió el asiento. Desconcertada, trató de levantar la cabeza para ver qué estaba sucediendo, cuando sin poder creerlo vio que su coche era empujado sin control hacia otros dos coches que estaban frente a ella, que se incrustaron a ambos lados del frente de su auto.

Mientras se asombraba por estar en tal aprieto se dio cuenta de que estaba viva y consciente. En minutos llegó un policía para evaluar la situación, y lo primero que le dijo fue: "Tuvo suerte hoy. La mayoría de las personas no salen vivas de accidentes como estos. Usted debería invertir cada centavo que le pague el seguro en otro auto como este, porque le salvó la vida".

Mi hija entonces le dijo: "Este auto no me salvó la vida. ¡Mi Dios me salvó la vida!" El policía la miró y dijo: "¡Usted debe tener un GRAN Dios!"

¡Guau! ¡Seguro que sí! Milagrosamente, mi hija fue ayudada a salir de ese auto ilesa. No se rompió ningún hueso y no derramó ni una gota de sangre.

El ángel del Señor cumplió su misión, porque la Biblia dice: "El ángel de Jehová acampa alrededor de los que le temen, y los defiende" (Salmos 34:7).

El conductor del camión de dieciocho ruedas confesó que iba por otro carril, pero que de repente el chofer que venía adelante se detuvo y se vio forzado a tomar una decisión instantánea: chocar su camión con toda la fuerza contra el auto detenido delante de él y ocasionar un choque en cadena, o pasarse al otro carril con menos tránsito, pero sabiendo que chocaría contra el vehículo que viniera de frente, que justo era el de mi hija. La fuerza del impacto empujó el auto de ella cuarenta pies contra los autos que iban delante, lo que causó un choque múltiple de cuatro autos. Lo único que podemos decir es que Dios protegió su vida milagrosamente. Los rayos X, la resonancia magnética y muchos otros exámenes salieron negativos. Nada estaba fuera de lugar. Unos pequeños moretones en su brazo fueron la única señal reveladora de semejante accidente.

Esa mañana me había levantado más temprano de lo habitual, hice poderosas oraciones por mi familia, esperando y ordenando milagros y rompiendo todas las misiones demoníacas y las interrupciones malignas. Un escudo de protección nos cubrió. Cuando usted se forma el hábito de rendir su vida y la de su familia a Dios cada día, pone a los ángeles guerreros de Dios a cumplir su misión. Ellos son mensajeros que esperan instrucciones no solo de Dios sino también de los hijos de Dios (vea el Salmo 103:20 y Hechos 12:7).

El poder del Espíritu Santo

El Espíritu Santo es poder en el creyente para liberar a los cautivos. Si el Espíritu Santo opera en usted, jugará el rol más importante en la transformación de su alma y sanará más que cualquier otro método, sacrificio, terapia o proceso de cambio que usted pueda realizar. Los discípulos fueron llenos del Espíritu Santo cuando Jesús sopló sobre ellos (Juan 20:22). Pudieron orar por las personas enfermas y atormentadas y se manifestaron milagros.

El Espíritu Santo mora en cada creyente. Nuestro cuerpo es templo del Espíritu Santo. Pedro le dijo al mendigo en Hechos 3:6: "No tengo plata ni oro, pero lo que tengo te doy; en el nombre de Jesucristo de Nazaret, levántate y anda". Y tomándolo por la mano derecha lo levantó y al momento se le afirmaron los pies y los tobillos. Nosotros también tenemos al Espíritu de Dios en nosotros para sanarnos y transformarnos, y a aquellos por quienes oremos.

Por favor, fíjese cuidadosamente que Jesús sopló sobre sus discípulos y dijo: "Recibid el Espíritu Santo". El Espíritu Santo es en el creyente el *poder* para liberar a los cautivos. Comienza en el corazón del creyente y fluye hacia otros. Cada vez que leemos y estudiamos las Escrituras, estamos respirando en la vida del Espíritu Santo. Dios es el Verbo, y el Verbo es Dios (Juan 1:1). "Y aquel Verbo fue hecho carne, y habitó entre nosotros" (Juan 1:14).

> Entonces Jesús les dijo otra vez: Paz a vosotros. Como me envió el Padre, así también yo os envío. Y habiendo dicho esto, sopló, y les dijo: Recibid el Espíritu Santo. A quienes remitiereis los pecados, les son remitidos; y a quienes se los retuviereis, les son retenidos.
>
> —Juan 20:21–23

Leer y declarar las Escrituras no solo fortalece su espíritu, sino que también se convierte en sanidad y vida cuando usted respira en la vida del Espíritu.

La clave importante aquí en este tema de esperar y ordenar milagros es reconocer la importancia del Espíritu Santo y de la oración específica, ungida y con un objetivo. Todo debe estar basado en la oración. Es una relación con Dios y con su Espíritu que establecemos mediante la oración. Es depender solamente de Dios. Jamás nos arrogamos el crédito por los milagros.

> De cierto, de cierto os digo: El que en mí cree, las obras que yo hago, él las hará también; y aun mayores hará, porque yo voy al Padre. Y todo lo que pidiereis al Padre en mi nombre, lo haré, para que el Padre sea glorificado en el Hijo.
>
> —Juan 14:12–13

La mujer con el flujo de sangre había sufrido durante doce años y había gastado todo su dinero y su sustento tratando de encontrar una cura. No tenía una herencia ni una abuela llena del Espíritu ni una mamá de oración que la ayudaran, pero un día con Jesús cambió todo. Hoy es su día. Dios usará sus experiencias y sus problemas pasados, y así como Jesús sanó a esta mujer (Lucas 8:43-47), sanó al hombre endemoniado (Marcos 5:1-20), y sanó al hombre con la mano seca (Lucas 6:6-11), el Señor Jesús sanará también a todo aquel que se atreva a creer que hoy Él sigue siendo el sanador. Cuando el enemigo creyó que había ganado, Dios los restauró. Hoy Dios también lo restaurará a usted.

El poder de Dios obrante en nosotros

El poder de Dios *obrante en nosotros* es una clave vital que abre la puerta a lo milagroso. Abre la puerta a enormes e inimaginables bendiciones. Esto no lo digo yo; Dios nos lo está diciendo a nosotros. Mire detenidamente esta palabra, *obrante*. Significa: "operativo, en funcionamiento, que sirve, que actúa, empleado, en ejecución, y trabajando". La acción y la obediencia a la Palabra de Dios lo mantendrán a la vanguardia de lo milagroso. El Padre Dios hará lo imposible por nosotros, de acuerdo con lo que suceda dentro de nuestros corazones y las cosas que ocupen nuestras mentes. Nuestra vida de oración nos prepara para las tareas del día. Si todavía no lo hace, por favor lea cuidadosamente este libro y propóngase y determine su mente para lavarse y limpiarse y permitir que el poder sanador de Dios invada y transforme su vida.

> Y a aquel que es poderoso para hacer todas las cosas mucho más abundantemente de lo que pedimos o entendemos, según el poder que *actúa* en nosotros...
>
> —Efesios 3:20, énfasis añadido

La Palabra de Dios está llena de ejemplos del poder de Dios en acción en la vida de Jesús y de otros creyentes.

- A Jesús lo seguían a todos lados por las señales, maravillas y milagros que acompañaban sus enseñanzas (Mateo 4:23-25; 14:35-36; Juan 6:2, 26; 12:18).
- Jesús reveló que era el Mesías a través de milagros (Mateo 11:4–6).
- Los milagros manifiestan la gloria de Cristo, la gloria de Dios y la obra de Dios (Juan 2:11, 9; 11:4).
- Dios "confirmó" su Palabra con las señales y prodigios que les seguían cuando los discípulos predicaban y enseñaban la Palabra (Marcos 16:20).
- Para que haya milagros se necesita fe. Jesús les preguntó a los ciegos si creían antes de sanarlos (Mateo 9:28).
- Mucha gente recibe un milagro y jamás se arrepiente ni vive correctamente. El juicio de Dios está sobre los que reciben sanidades y milagros y no lo reconocen como Dios o viven para Él. (Mateo 11:20-24; Juan 15:24).
- Los milagros también son para los inconversos. Jesús sanó al oficial del rey a la distancia, y el hombre creyó y toda su casa fue salva (Juan 4:48-53).

Oraciones poderosas que activan los milagros

Oración por sabiduría y revelación

Padre, tú dices: "Clama a mí, y yo te responderé, y te enseñaré cosas grandes y ocultas que tú no conoces" (Jeremías 33:3).

Te agradezco, Padre, por concederme el espíritu de sabiduría y revelación en el conocimiento de Cristo para entender las profundidades de la Palabra de Dios (Efesios 1:17).

Oración para superar el engaño

Padre, tu Palabra declara que por tu divino poder nos has dado todas las cosas que necesitamos para vivir una vida santa. Te agradezco por darme el poder para superar todo engaño del enemigo. Satanás no tiene lugar en mí, en el nombre de Jesús (2 Pedro 1:3).

Padre, tu Palabra declara que si permanezco en ti y tu Palabra permanece en mí, puedo pedirte lo que quiero y me será hecho. En el nombre de Jesús, ordeno a todas las interrupciones demoníacas que salgan de mi vida y de las vidas de los miembros de mi familia. Satanás, quita tus manos de mi territorio, de mis hijos, de mi matrimonio y de mis finanzas. Pronuncio bendiciones de salud y abundancia para mi vida. Ningún arma forjada contra mí prosperará y condenarás toda lengua que se levante contra mí para acusarme. Cristo Jesús es mi esperanza de gloria. Echo fuera de mi corazón todo temor, duda y descreimiento. Hoy pongo en acción todas las bendiciones y la protección divina para mi vida y mi hogar. Gracias, Padre mío, en el nombre de Jesús, amén (Juan 15:7; Isaías 54:17; Colosenses 1:27).

Declaración de fe

Reconozco que mi verdadero enemigo es Satanás y que es un enemigo ya derrotado. Gracias, Padre, porque la sangre de Jesús me ha redimido de cada maldición y fortaleza del enemigo. Tomo mi lugar en Cristo Jesús, donde no puede entrar ningún plan ni estrategia de Satanás para robar, matar o destruir. Me pongo toda la armadura de Dios, para derrotar todo espíritu inmundo y maligno del infierno. Tengo dominio sobre el poder del enemigo y nada me dañará. Gracias, Padre, por esta gran promesa, en el nombre de Jesús, amén (Colosenses 2:15; Efesios 1:22; Lucas 10:19; Apocalipsis 12:11; Hebreos 4:2).

Oración para recibir poder

Padre, tu Palabra declara que recibiré poder cuando el Espíritu Santo venga sobre mí. Lléname ahora con tu Espíritu Santo y concédeme poder para conservarme firme y libre y de toda atadura. Me alineo con tu Palabra y me coloco en posición para ser bendecido por ti. Gracias, Padre, por esta maravillosa promesa, en el nombre de Jesús (Hechos 1:8).

Oración por prosperidad financiera

Jehová Yiré, tú eres mi proveedor. Te agradezco porque tú eres el Señor mi Dios que me enseñas provechosamente y me guías en el camino que debo seguir. Gracias por tu sabiduría, porque hace a los que te aman sabios para heredar riquezas. Mientras guardo tu Palabra, tú me prosperas. Todo lo que me proponga hacer de acuerdo con tu voluntad, tú lo prosperarás. Gracias por tu misericordia y tu favor. Gracias por un ingreso fijo.

Gracias por abrir las puertas de bendición y cerrar las puertas de escasez. Enséñame a convertirme en alguien fructífero y a invertir con sabiduría. Padre, te honraré con mis diezmos y mis ofrendas. Gracias, Padre, por esta maravillosa promesa. En el nombre de Jesús, amén (Isaías 48:17; Proverbios 8:21, NTV; Josué 1:8).

5

Oraciones y escrituras que lo lavarán y dejarán limpio

Lavaos y limpiaos; quitad la iniquidad
de vuestras obras de delante de mis ojos;
dejad de hacer lo malo; aprended a hacer el bien;
buscad el juicio, restituid al agraviado,
haced justicia al huérfano,
amparad a la viuda.
—ISAÍAS 1:16-17

Usted debe entender que no puede lavarse y limpiarse a sí mismo. El Espíritu Santo lo ayudará. Las escrituras y oraciones de este capítulo también lo ayudarán a recibir limpieza y perdón. Usted no está solo; hasta los ángeles están listos para ayudarlo. Usted debe desear un cambio verdadero. Este libro trata sobre lo milagroso. Debe llegar a un punto en el que ya esté cansado de los ataques del enemigo contra usted y los que ama. Si usted está listo, su Padre celestial también lo está.

¿Cómo puede lavarse y quedar limpio?

Primero, debe desear un cambio radical y arrepentirse de todos sus pecados, hábitos y características que sabe que ofenden a Dios y a otros. Debe volverse de todo lo que sea malo y haga que usted se ofenda y se enoje fácilmente. Debe desear una profunda trasformación. Si lucha constantemente con pensamientos o ideas impuras, si ha sido profundamente lastimado, rechazado, oprimido, abusado o herido, estas escrituras lo ayudarán a recibir restauración y paz de Dios. El resultado final debería ser un profundo gozo y satisfacción en su corazón. Su familia y sus amigos notarán los cambios. Las bendiciones de Dios comenzarán a fluir en su vida.

Dios es santo, y desea honestidad y sinceridad de parte de sus hijos. Cuando usted aplica la Palabra de Dios a su vida —y con esto quiero decir si usted desarrolla fe en Dios y hace todo lo que esté a su alcance para ser obediente, cariñoso, amable y enseñable— inmediatamente comenzará a notar los cambios. Estos incluirán paz, autocontrol, sabiduría para tomar decisiones y cosas buenas que comenzarán a sucederle. Termine cada oración diciendo: "en el nombre de Jesús, amén".

Oraciones y escrituras para perdón y limpieza

Oración para perdón y limpieza

Padre celestial, por favor perdóname y límpiame de todos mis pecados e iniquidades. Lávame y hazme libre de todas las iniquidades y pecados de mis padres y ancestros. Quiero servirte con todo mi corazón. Rindo mi vida a ti.

Lávame más y más de mi maldad,
y límpiame de mi pecado.

—Salmos 51:2

Purifícame con hisopo, y seré limpio;
lávame, y seré más blanco que la nieve.

—Salmos 51:7

Oración para limpieza y arrepentimiento

El arrepentimiento es necesario para recibir las bendiciones de Dios. Esto es algo que nosotros debemos hacer: Dios no lo hace por nosotros.

Padre celestial, me arrepiento de toda desobediencia y actos de rebelión contra ti. Me doy cuenta de que sin ti estoy abierto a los ataques de Satanás. Vuelvo mi corazón hacia ti y rindo mi voluntad a la tuya. Clamo por la sangre de Jesús sobre mi vida, y te doy gracias por lavarme y limpiarme.

Lava tu corazón de maldad, oh Jerusalén, para que seas salva. ¿Hasta cuándo permitirás en medio de ti los pensamientos de iniquidad?

—Jeremías 4:14

Oración para mantener la pureza y llevar cautivos los pensamientos

Ayúdame, Padre querido, a mantenerme puro y que mi corazón esté alejado del mal. Llevo cautivo todo argumento y toda altivez que se levanta contra el conocimiento de Cristo e intenta controlar mis pensamientos. ¡No dominarán mi vida, en el nombre de Jesús!

Derribando argumentos y toda altivez que se levanta contra el conocimiento de Dios, y llevando cautivo todo pensamiento a la obediencia a Cristo.

—2 Corintios 10:5

Este versículo nos habla a todos los creyentes. Para mantenerse limpio, uno debe prestar atención a los pensamientos que invaden la mente cada día y aprender a llevar cautivo cada pensamiento a la obediencia a Cristo.

Ahora, pues, ¿por qué te detienes? Levántate y bautízate,
y lava tus pecados, invocando su nombre.

—Hechos 22:16

El bautismo es considerado un lavamiento o un entierro de
nuestros pecados, y una resurrección a la nueva vida en Cristo.

Oración para ser limpiado

*Dios Padre, santifícame y lávame mientras estudio y
medito en tu Palabra. Gracias, Espíritu Santo, por traer
entendimiento a mi mente y el deseo de obedecerte y
aplicar tu Palabra a mi vida. Gracias por aceptarme y
transformar mi vida para servirte y a otros.*

Y esto erais algunos; mas ya habéis sido lavados, ya
habéis sido santificados, ya habéis sido justificados en
el nombre del Señor Jesús, y por el Espíritu de nuestro Dios.

—1 Corintios 6:11

Oración por misericordia y renovación de la mente

*Gracias, Dios Padre, por tener misericordia de mí y
por lavarme y dejarme limpio. Gracias, Espíritu Santo,
por renovar y regenerar mi mente y por enseñarme a
entender y aplicar la Palabra viva a mi vida.*

Pero cuando se manifestó la bondad de Dios nuestro
Salvador, y su amor para con los hombres, nos salvó, no por obras de justicia que nosotros hubiéramos
hecho, sino por su misericordia, por el lavamiento de
la regeneración y por la renovación en el Espíritu Santo.

—Tito 3: 4–5

Oración para acercarse más a Dios y limpiarse de una mala conciencia

Mi Padre celestial, me acerco a ti con un corazón sincero. Límpiame y lávame de todo mal y de cualquier cosa en mi conciencia que pueda ser un obstáculo en mi relación y mi andar contigo. Purifica mi corazón con la sangre de Jesús y abre mis ojos espirituales para que pueda discernir las artimañas del enemigo. Te amo, mi Abba Padre.

Acerquémonos con corazón sincero, en plena certidumbre de fe, purificados los corazones de mala conciencia, y lavados los cuerpos con agua pura.

—Hebreos 10:22

Oración para lavarse en la sangre de Jesús

Querido Abba Padre, dame la fortaleza para mantenerme cada día puro y libre de toda tentación. Ayúdame a obedecer tus estatutos y sabio consejo, y a caminar en tu libertad de manera que me encuentres lavado en la sangre del Cordero.

Yo le dije: Señor, tú lo sabes. Y él me dijo: Estos son los que han salido de la gran tribulación, y han lavado sus ropas, y las han emblanquecido en la sangre del Cordero.

—Apocalipsis 7:14

Bienaventurados los que lavan sus ropas, para tener derecho al árbol de la vida, y para entrar por las puertas en la ciudad.

—Apocalipsis 22:14

Oración por limpieza y discernimiento

Padre mío, quiero ser un ejemplo de tu amor para mi familia y para otros. Estoy dispuesto a ser obediente. Abre mis ojos espirituales para discernir las estratagemas del enemigo contra mi vida. Con tu ayuda y con la guía del Espíritu Santo procuraré ayudar a los demás y ser luz en la oscuridad. Lávame y déjame limpio.

Mas sus criados se le acercaron [a Naamán] y le hablaron diciendo: Padre mío, si el profeta te mandara alguna gran cosa, ¿no la harías? ¿Cuánto más, diciéndote: Lávate, y serás limpio?

—2 Reyes 5:13,
aclaración entre corchetes añadida.

Lavaos y limpiaos; quitad la iniquidad de vuestras obras de delante de mis ojos; dejad de hacer lo malo; aprended a hacer el bien; buscad el juicio, restituid al agraviado, haced justicia al huérfano, amparad a la viuda.

Venid luego, dice Jehová, y estemos a cuenta: si vuestros pecados fueren como la grana, como la nieve serán emblanquecidos; si fueren rojos como el carmesí, vendrán a ser como blanca lana. Si quisiereis y oyereis, comeréis el bien de la tierra.

—Isaías 1:16–19

Oración por restauración y acción de gracias

Padre celestial, estoy tan agradecido de que me hayas escogido y me estés haciendo consciente de tu gran amor por nosotros. Gracias por el don de justicia y de salvación, por limpiarme de todos mis pecados y mi iniquidad. Gracias por derramar tu nueva vida en mí y restaurar mi relación contigo. Gracias por darme una nueva vida en Cristo. Te amo, mi Señor y Salvador.

Porque nosotros también éramos en otro tiempo insensatos, rebeldes, extraviados, esclavos de concupiscencias y deleites diversos, viviendo en malicia y envidia, aborrecibles, y aborreciéndonos unos a otros. Pero cuando se manifestó la bondad de Dios nuestro Salvador, y su amor para con los hombres, nos salvó, no por obras de justicia que nosotros hubiéramos hecho, sino por su misericordia, por el lavamiento de la regeneración y por la renovación en el Espíritu Santo, el cual derramó en nosotros abundantemente por Jesucristo nuestro Salvador, para que justificados por su gracia, viniésemos a ser herederos conforme a la esperanza de la vida eterna.

—Tito 3:3–7

Padre celestial, ayúdame a poner mi mente en las cosas que son puras y no en las que alimentan mi carne. Gracias, Espíritu Santo, por ayudarme a caminar a la luz de la Palabra de Dios (Romanos 8:5-7).

Mi consejo

Deje de ser una víctima. Si ha sido herido por alguien y sigue acarreando la pena y el dolor, es hora de ponerle un punto final a eso. Mientras usted insista en enfatizar y seguir sintiendo ese dolor del abuso, la herida, el divorcio, el trauma, las palabras negativas, un padre cruel, y cosas por el estilo, no tendrá paz ni victoria en su vida. Debe soltar eso: es como un cáncer que lo carcome. Perdone a la persona o personas que lo hayan herido. Libérese y rompa la maldición del cautiverio sobre su vida. ¡Ponga en acción las bendiciones de Dios! ¡Libérese hoy mismo! Hace años estuve así, pero hoy soy libre. Tuve que tomar decisiones específicas. Una vez dije: "Te perdono, papá". Y fui libre. Las cadenas cayeron. ¡Deje de sentir lástima por usted mismo y supérelo! Lo mejor de su vida todavía está por venir. Sus hijos y su futura descendencia heredarán su libertad y no las maldiciones del dolor y el abuso. ¡Alabado sea Dios!

6
El mayor de los milagros: nuestra salvación

Cree en el Señor Jesucristo,
y serás salvo, tú y tu casa.
—HECHOS 16:31

Independientemente de lo que estemos enfrentando en este momento, Jesús es la respuesta. El Espíritu Santo es quien nos revela a Jesús. La salvación no es solamente una oración. No se trata de un sistema específico. *La salvación es una PERSONA.*

La salvación tiene un corazón compasivo y misericordioso. La salvación tiene ojos atentos, oídos que escuchan, deseos, emociones, y agujeros de clavos en sus manos y pies: es Jesús. No es solamente una oración, sino una persona.

En Jerusalén encontramos un cristiano devoto, llamado Simeón que, bajo el impulso del Espíritu Santo, entró en el templo, y cuando los padres presentaron al niño Jesús, lo tomó en sus brazos y alabó y agradeció a Dios, diciendo:

"Porque han visto mis ojos tu salvación" (vea Lucas 2:25-30).

¿Qué tiene que ver la salvación con los milagros?

Jehová desnudó su santo brazo ante los ojos de todas las naciones, y todos los confines de la tierra verán la salvación del Dios nuestro.

—Isaías 52:10

Creo que muchas personas piensan que son salvas porque un día dijeron la oración del pecador, pero en realidad, nada ha cambiado para ellos. Siguen haciendo las mismas cosas, tienen los mismos deseos y tentaciones y lidian con los mismos demonios. Ellos realmente necesitan un milagro.

Los milagros son para cada hijo e hija del reino de Dios, pero hay un proceso que conduce a lo milagroso. Han de tener lugar una relación y una transformación: un volverse de los viejos caminos a la nueva persona en que nos convertimos en Cristo. El Padre Dios hará todas las cosas nuevas y significativas cuando aceptemos su amor y creamos en su Palabra.

Necesitamos conciencia y una verdadera comprensión de quién es realmente Jesús para ser capaces de experimentar lo que realmente significa estar en la presencia de Dios. Es esta conciencia la que nos introduce en el reino de lo imposible, donde las enfermedades, adicciones, grilletes, maldiciones, depresión, y relaciones matrimoniales y filiales rotas son sanadas y restauradas por la presencia y el poder del Espíritu Santo.

Dios tiene un propósito y un diseño único para cada uno de nosotros, pero no puede tener comunión con alguien que tiene una naturaleza pecaminosa. Debido a que la naturaleza del hombre es pecadora, debe tener lugar una muerte espiritual, en la cual la naturaleza de pecado muere y el hombre vuelve a nacer en Cristo.

El poder de la sangre de Jesús

Porque esto es mi sangre del nuevo pacto, que por muchos es derramada para remisión de los pecados.

—Mateo 26:28

Es solo mediante el poder del pacto de la sangre que la reconciliación (pago, acuerdo) y la restauración son posibles. El hombre recibe la nueva naturaleza de Dios cuando él toma la decisión de "ponerse el ropaje de la nueva naturaleza, creada a imagen de Dios" (Efesios 4:24, NVI). Cristo Jesús ya pagó el precio en la cruz del Calvario.

Sin la experiencia del nuevo nacimiento, la comunión con Dios no es posible. En nuestra propia capacidad, no podemos ser salvados ni perdonados. Solo a través del poder del Espíritu Santo ese cambio es posible. El primer paso es el arrepentimiento (Hechos 3:19-20).

Nuestro Cristo, el Mesías, está vivo hoy. Él quiere volver a cargar contra los efectos del calor y los ataques del enemigo. El refrigerio viene de la presencia del Señor.

El pecado siempre ha separado al hombre de Dios. El pacto de sangre ha dado al hombre una manera de salir de la condenación eterna y una invitación abierta a la vida eterna al aceptar a Cristo Jesús como Salvador. Este maravilloso pacto es la respuesta al sufrimiento del hombre y a todo tipo de abusos. La paga del pecado es muerte, pero la recompensa de la salvación es la vida eterna en el reino de Dios.

Los efectos del arrepentimiento

La decisión de arrepentirse y entrar en una relación de pacto con Dios es una decisión que cada uno de nosotros puede tomar como individuo. No podemos hacer los cambios que se requieren: eso es obra de Dios Espíritu Santo. Cuando elegimos vivir en Cristo, Él hace en nuestras vidas los cambios necesarios que no son capaces de hacer.

Cuando llegamos a estar equipados con el conocimiento y la verdad, somos capaces de caminar en fe y disfrutar de las bendiciones y las promesas ya designadas y predestinadas para nosotros. Inmediatamente, la verdad quita el miedo, la duda y la confusión, mientras que al mismo tiempo, el Espíritu de Dios nos capacita para vivir en libertad del reino de las tinieblas (Juan 8:31-32; 1 Pedro 2:9-10).

Nuestras nuevas ropas

Cuando aceptamos a Jesucristo como nuestro Señor y Salvador, somos bautizados en Cristo y recibimos un nuevo conjunto de ropa. "Y todos los que fueron unidos a Cristo en el bautismo se han puesto a Cristo como si se pusieran ropa nueva" (Gálatas 3:27, NTV, vea también 1 Corintios 15:53, Romanos 13:14, Apocalipsis 3:5).

Este vestido nuevo es el propio Jesucristo, que nos viste de sí mismo, cuando lo aceptamos como nuestro Señor y Salvador. Al entrar en las provisiones del pacto de sangre con Cristo, nuestro Padre celestial nos ve como lo ve a Jesús. Ahora contamos con su victoria, su riqueza y sus derechos. Nos convertimos en una nueva creación en Cristo, perdonados y sin nuestro pasado (2 Corintios 5:17).

En el libro de Colosenses también se nos recuerda nuestro alto estándar de vida y renovación en Cristo, una renovación en la cual no hay distinción de color o raza y en la que Cristo es el todo y en todos (Colosenses 3:10-12).

Cuando aceptamos la salvación, somos vestidos con un seguro de vida eterna. Nos convertimos en nuevos seres santos y en la posición correcta. Poseemos la naturaleza de Cristo, y estamos vestidos con su misericordia, bondad, humildad y todas sus maravillosas cualidades.

La salvación garantiza cosas nuevas

Por lo tanto, el que está unido [injertado] a Cristo es una nueva persona. Las cosas viejas pasaron; se convirtieron en algo nuevo.

—2 Corintios 5:17, DHH, aclaración entre corchetes añadida.

Llegar a estar *injertado* en Cristo significa, "convertirse en adjunto, estar unido, fijado, integrado, implantado, unidos longitudinalmente, casados, fusionados e insertados". Todos estos significados son muy importantes y de gran alcance. Denotan posesión, permanencia y propiedad.

Cuando una pareja se casa, hay muchos obstáculos que superar. Los cónyuges tienen que aprender a conocerse entre sí al escucharse, servirse, ser amables, compasivos y tenerse mucha paciencia. A los que son dóciles y permiten que Dios participe activamente en sus vidas, muchas maravillas les esperan.

El Padre Dios hace igual con nosotros. Él nos da un montón de espacio y lugar para conocer nuestros nuevos roles como hijos de Dios. Algunos aprenden rápido, y algunos tardan una eternidad en darse cuenta de que la plenitud y la abundancia están haciendo fila, esperando para unirse a nuestra nueva naturaleza. Mi esposo tiene un dicho: "Mi pastor no tiene problema en alimentar con biberón a un cristiano bebé, pero tiene problema cuando debe separar el bigote para insertar la botella".

El proceso de crecimiento

Nuestra vida sobrenatural no garantiza la transformación o el cambio instantáneos. No nos hacemos santos de la noche a la mañana. Sin embargo, debemos aceptar que Jesucristo ya ha pagado el precio por nosotros para disfrutar de nuestra salvación. Todo lo necesario para que podamos vivir una vida victoriosa y armoniosa ya ha sido provisto. Dios está esperando que tomemos posesión y nos apropiemos de todas las increíbles, transformadoras cosas nuevas que nuestra salvación nos provee.

El crecimiento, la maduración y el desarrollo de nuestros músculos espirituales llevará tiempo, paciencia y mucha práctica. Nuestro Padre sabe que este es un proceso de santificación, pero quiere que usted entienda que ahora tiene una nueva posición como miembro aceptado de la familia de Dios. Usted no es un extraño que mira hacia adentro. Ahora usted tiene acceso legal a todas las bendiciones de Dios. Usted también tiene la Palabra escrita de Dios para guiarlo e instruirlo en todos los aspectos de la vida y de las relaciones. Usted tiene el poder del Espíritu Santo residente en su espíritu para guiar sus pasos y enseñarle toda verdad.

Para que esta gran salvación llegue a ser su mayor alegría y posesión, usted debe cuidar y proteger su relación con el Espíritu Santo. Debe aplicarse cada día a la disciplina de conversar con el Padre Dios y a escuchar y aplicar sus sabios consejos de la Biblia. El alimento espiritual es necesario para sobrevivir a la embestida del enemigo. Sin una dosis diaria de alimento sobrenatural, el cristiano se vuelve anémico y sin fruto. Un árbol seco no es bueno para nadie. Usted no puede ser eficaz sin buscar activamente las cosas de Dios.

Regalos personales de Dios para usted

No importa en cuán mal estado estuviera en su vida de pecado, la salvación lo ha provisto con los dones de la vida eterna y una nueva identificación en Cristo Jesús.

> Porque por gracia sois salvos por medio de la fe; y esto no de vosotros, pues es don de Dios.
> —Efesios 2:8

Nuestro Padre Dios nos ha provisto de todas las cosas pertinentes a la vida y a la piedad. Hay tantas bendiciones alistadas en la Santa Biblia que se necesitarían muchos libros para definirlas. Los dones de vida eterna, sanidad, liberación de espíritus malignos y el don de la restauración de nuestras almas son solo algunos de los muchos dones milagrosos provistos por Dios para sus hijos (2 Pedro 1:2-7).

Muchas veces, la duda, el miedo, la ansiedad, el cansancio, las noticias, e incluso la familiaridad, nos pueden volver perezosos y distantes de Dios. Al permitirnos a nosotros mismos ir a la deriva y ser lanzados hacia todas partes por la adversidad, abrimos la puerta para que las *zorras pequeñas* se metan en nuestras vidas. Debemos tener una absoluta conciencia de quién es Dios y quiénes somos nosotros en Cristo Jesús. Sin esta certeza y conocimiento, tendemos a dar por sentada nuestra vida espiritual. Creo que esta es una de las mayores razones por las que tantos cristianos viven en derrota y se quejan de sus constantes debilidades. Ellos se vuelven totalmente inconscientes de los muchos dones y bendiciones que tienen a su disposición. Se sienten abrumados por el ruido y las clamorosas voces del mundo.

Dios Padre no solo nos ha proporcionado muchos dones y bendiciones, también nos resucitó con Él y nos hizo sentar juntos en la esfera celestial (Romanos 8:29-30; Efesios 2:6). Esta es una posición espiritual que tenemos en el reino espiritual. Somos seres espirituales así como Dios Padre, Jesús y el Espíritu Santo son Espíritu. Como creyentes debemos gobernar y reinar con Cristo en lugares celestiales. ¡Guau! Que una comprensión más profunda de esta verdad abra su corazón a desear y recibir todo lo que Dios tiene para usted en esta vida. Nuestras batallas deben ser libradas en el reino espiritual.

La salvación garantiza provisión para la sanidad

En la cruz del Calvario Jesús pagó la pena del pecado para que podamos ser salvos de la condenación eterna. El pacto de sangre que tuvo lugar cuando Jesús voluntariamente dio su vida como el sacrificio definitivo garantiza a todos los hijos de Dios la redención y el perdón de todos sus pecados e iniquidades.

La sanidad de todo dolor y enfermedad está disponible para todos los creyentes en el momento en que reciben la salvación. Jesús fue desfigurado, mutilado, azotado y golpeado brutalmente cuando colgaba en la cruz, llevando nuestros pecados e iniquidades. Su aspecto cambió tan drásticamente que se hizo irreconocible. Su cuerpo fue destrozado y torturado.

La raíz de todos los dolores y de la enfermedad es el pecado. Jesús tomó sobre sí todo dolor desesperante, inflamación, herida, agonía, desesperación, tortura, cicatriz, abuso, insulto, burla, vergüenza y deseo perverso de sus enemigos. Como resultado, Jesús fue desfigurado más que ningún otro ser humano.

> Así como muchos se asombraron de él [el Siervo de Dios], al ver su semblante, tan desfigurado que había perdido toda apariencia humana,
>
> —Isaías 52:14, DHH, aclaración entre
> corchetes añadida.

Jesús estuvo dispuesto a pagar el precio por nosotros. Como resultado, la sanidad es el pan de los hijos de Dios. Muchos están enfermos porque no saben o no entienden esta verdad. Al final de este capítulo habrá una oración para recibir sanidad. Mi esposo y yo vamos a ponernos de acuerdo con usted en esta oración. Cuando usted cree en su corazón y confiesa con su boca que *está sanado por las llagas de Jesús*, el Espíritu de Dios comienza a manifestar la sanidad en su cuerpo. Soy una prueba viviente de ello.

También hay una interesante instrucción en la siguiente escritura: "que nosotros podamos estar muertos al pecado y vivir para lo que es recto" (1 Pedro 2:24, NTV). No podemos pasar esto por alto, es demasiado importante y significativo para el Padre Dios. El pecado nos separa de la posición correcta. El pecado nos separa de las bendiciones y de nuestra sanidad. Si hay pecado conocido en su vida, usted puede rogar y orar todo lo que quiera, y su sanidad no se manifestará. Usted debe crucificar ese pecado confesándolo y apartándose de él.

> Él mismo cargó nuestros pecados sobre su cuerpo en la cruz, para que nosotros podamos estar muertos al pecado y vivir para lo que es recto. Por sus heridas, son sanados.
>
> —1 Pedro 2:24, NTV

¿Por qué confesar nuestros pecados?

> Si confesamos nuestros pecados, Dios, que es fiel y justo, nos los perdonará y nos limpiará de toda maldad.
>
> —1 Juan 1:9, NVI

Como puede ver en este versículo, cuando admitimos y confesamos nuestros pecados, el perdón y la limpieza tendrán lugar en nuestras vidas. Si la gente entendiera cómo cambiarían sus vidas como consecuencia del perdón y la purificación del pecado, estarían haciendo cola esperando ansiosamente confesar sus pecados.

Perdonar significa dar indulto, misericordia y compasión. La limpieza significa purificación, lavado, depuración, descontaminación y refinación. No es suficiente que un pecador sea perdonado. Mediante la limpieza, no solo son perdonados todos los pecados, la contaminación y los hábitos sucios, sino que también la persona es restaurada en su espíritu, alma y cuerpo. Este es un *milagro* de restauración que solo Dios puede producir efectivamente en el hombre.

¿Qué es la santificación?

Santificación es limpieza. La limpieza es un proceso que desintoxica a una persona de sus pecados e iniquidades. Cuanta mayor limpieza recibimos mediante la aplicación de la Palabra de Dios, más fluirán en nuestras vidas las bendiciones de Dios. La santificación es también un proceso de embellecimiento. La persona se vuelve renovada, él o ella se comprometen y dedican su vida a servir a Dios en Espíritu y en verdad. La limpieza también revela todo el tesoro escondido en nosotros. Usted advertirá el deseo de superarse y utilizar sus talentos y habilidades para complacer a Dios y a otros.

Su cuerpo fue creado con un complejo y maravilloso sistema de limpieza que purifica su sangre. En el ámbito espiritual la sangre de Jesucristo lo limpia de todos los pecados, iniquidades, dolencias, enfermedades y pestilencias.

¿Cómo recibimos limpieza?

Recibimos limpieza leyendo la Palabra de Dios y aplicando los principios a nuestras vidas. Por ejemplo, la Biblia dice en el Salmo 34:13:

"Guarda tu lengua del mal y tus labios de hablar engaño".

Nosotros aplicamos este consejo aprendiendo y practicando hablar la verdad y palabras de aliento, en vez de palabras malas y negativas. El Espíritu Santo es nuestro ayudador y nuestro maestro, y Él es también el que nos ayuda a entender la Biblia.

Nuestra posición en Cristo

Nuestra salvación y posición en Cristo es segura e irrefutable, porque Dios no puede mentir. Nuestra relación con Cristo está sellada. Él nos soltó y liberó de nuestros pecados con su propia sangre. Él es nuestro refugio, nuestra fortaleza y nuestra protección (Apocalipsis 1:5; Salmos 91).

Nuestra salvación nos da entrada a todos los beneficios y riqueza del Rey de reyes y Señor de señores. Nos convertimos en una estirpe real del reino del Dios todopoderoso. ¡Alabado sea Dios! (Vea Apocalipsis 1:6.)

En el momento en que aceptamos a Jesucristo como nuestro Señor y Salvador, estamos aceptando su vida a cambio de nuestra vida. Ahora estamos en Cristo, y todo lo que le pertenece a Él nos pertenece también a nosotros. Este intercambio espiritual nos garantiza todos los beneficios de la vida resucitada de Cristo. Cuando nos consideramos muertos al pecado, nos volvemos vivos para Dios en Cristo Jesús. La salvación es el comienzo de una comunión perfecta con Cristo Jesús (Romanos 6:11).

Como Marilyn Hickey dice en una de sus enseñanzas:

Los cristianos con una pobre imagen de sí mismos no conocen su posición en Cristo. Nuestra posición es de victoria. Efesios es el libro de "sentarse, andar y estar firmes". Por medio de Cristo nos sentamos en los lugares celestiales, andamos en victoria y estamos firmes como conquistadores.[1]

Una de las cosas que yo practico en mi vida cristiana diaria es anunciar y declarar lo que soy en Cristo Jesús. Hay algo único e inspirador cuando se escucha a sí mismo declarar una verdad, especialmente acerca de usted mismo. Declaro mi "posición en Cristo" cuando estoy tomando una ducha, conduciendo, meditando, e incluso cuando estoy viendo una película, las noticias, o escuchando música. De alguna manera eso se interpone en mi mente, y me encuentro consciente e inconscientemente prestando atención a algo específico acerca de mi posición en Cristo. Se ha convertido en un hábito tal que la escritura: "Todo lo puedo en Cristo que me fortalece", es la primera cosa que sale de mi boca cada mañana. *¡Haga de esto un hábito y el hábito se convertirá en su identidad!*

Mi identidad y posición en Cristo

- Yo soy un hijo de Dios y soy uno con Cristo (Juan 1:12).
- Soy un vencedor de lo que está en este mundo (1 Juan 4:4).
- La Palabra es medicina y salud para todo mi cuerpo (Proverbios 4:20-22).
- Soy nacido de Dios y el maligno no puede tocarme (1 Juan 5:18)
- Yo soy la sal de la tierra (Mateo 5:13).
- Yo soy la luz del mundo (Mateo 5:14).
- Yo soy una nueva creación (2 Corintios 5:17).
- Estoy unido a Cristo, y soy un espíritu con él (1 Corintios 6:17).
- Soy participante del llamamiento celestial (Hebreos 3:1).
- Puedo hacer todas las cosas en Cristo que me da la fuerza (Filipenses 4:13).
- Soy escogido por Dios para producir fruto (Juan 15:16).
- Soy heredero de Dios y coheredero con Cristo Jesús (Romanos 8:17).
- Soy enemigo del diablo (1 Pedro 5:8).
- Estoy crucificado con Cristo, y el pecado no tiene dominio sobre mí (Romanos 6:1-6).
- Tengo la mente de Cristo (1 Corintios 2.16).
- Estoy curado por las llagas de Jesús (1 Pedro 2.24).
- Soy próspero como prospera mi alma, y gozo de buena salud (3 Juan 2).
- Ninguna arma forjada contra mí prosperará (Isaías 54:17).
- Soy ciudadano de los cielos (Efesios 2:6).
- Soy miembro del cuerpo de Cristo (1 Corintios 12:27).

- Soy el templo de Dios, y el Espíritu Santo habita en mí (1 Corintios 3:16; 6:19).
- Mi vida está escondida en Cristo (Colosenses 3:3).
- Estoy justificado por fe, y tengo paz con Dios (Romanos 5:1).
- La ley del Espíritu de vida en Cristo me ha librado de la ley del pecado y de la muerte (Romanos 8:2).
- Estoy redimido y perdonado por la sangre de Jesús (Efesios 1:6-8).
- Yo no tengo espíritu de cobardía, sino de poder de Dios, de su amor y de dominio propio (2 Timoteo 1:7).
- Estoy completo en Cristo (Colosenses 2:10).
- He sido bendecido con toda bendición espiritual (Efesios 1:3).
- Soy libre para siempre de la condenación (Romanos 8:1).
- Estoy afirmado, ungido y sellado en Cristo (2 Corintios 1:21-22).
- Tengo acceso a mi Padre celestial, por medio de Cristo Jesús (Efesios 2:18).
- Tengo acceso al Padre por la fe en Él (Efesios 3:12).
- Tengo perdón de los pecados mediante la sangre de Cristo (Colosenses 1:14).
- Todas mis necesidades se suplen de acuerdo a sus riquezas en gloria (Filipenses 4:19).[2]

Nuestra identidad

Nuestra posición espiritual e identidad como coherederos con Cristo Jesús son reales y auténticas. Tenemos una posición espiritual sobrenatural, milagrosa, y una identidad que nos califica para disfrutar de todos los beneficios del reino de Dios en la tierra, así como el reino de Dios en el cielo. Nuestra marca de autenticidad es el Espíritu Santo. Fuimos sellados y marcados como posesión de Dios. Cuando recibimos la salvación recibimos una circuncisión espiritual del corazón por el Espíritu Santo, que pone su sello sobre nosotros como una garantía. (Vea Efesios 1:13-14; 4:30; Romanos 2:28-29; 2 Corintios 1:21-22; Romanos 8:16.)

Asegúrese de leer todo este capítulo un par de veces. Nuestra identidad en Cristo es poderosa y eficaz cuando tenemos conocimiento y comprensión de todos sus beneficios y otras condiciones. Los milagros llegarán a ser cosa de todos los días cuando nosotros llegamos a pertenecer por completo al reino de Dios. La mayoría de las veces usted ni siquiera se dará cuenta de que muchos de milagros de protección e intervención divina en accidentes, estafas y flechas enviadas por el enemigo, ya que son sobrenaturales. Los ejércitos de ángeles guerreros de Dios están trabajando constantemente a nuestro favor, en lo invisible y lo visible, ordenando nuestros pasos, cerrando bocas de leones, y asegurándose de que ninguno de nuestros huesos se quiebre (vea Salmos 91:5; 34:20). ¡Alabado sea Dios!

La importancia de leer la Palabra de Dios

Procura con diligencia presentarte a Dios aprobado, *como* obrero que no tiene de qué avergonzarse, que maneja con precisión la palabra de verdad.
—2 Timoteo 2:15, LBLA

Para entender y aceptar la Palabra escrita de Dios, es absolutamente necesario estudiar y leer la Biblia de forma coherente y sistemática. Si realmente queremos comprender nuestra nueva relación de alianza con Cristo Jesús, debemos hacer todo lo posible para leer y estudiar la Biblia. Debemos leer la Palabra no solo para conocer nuestros beneficios y aprender todo sobre las promesas de Dios para nosotros, sino también porque produce limpieza cada vez que lo hacemos. La Palabra es el agua viva que purifica nuestra alma, nuestros pensamientos y nuestros hábitos. "Para hacerla santa. Él la purificó, lavándola con agua mediante la palabra" (Efesios 5:26, NVI).

- Leer la Biblia produce sabiduría de Dios que transforma la vida. Dios es la Palabra. Dios es todo sabiduría, conocimiento y entendimiento. "Cristo, en quien están escondidos todos los tesoros de la sabiduría y del conocimiento." (Colosenses 2:2b, 3).
- Leer la Biblia hace que nuestra fe se desarrolle y ejercite (Romanos 10:14-17).
- Leer la Biblia revela la imagen del Señor en nosotros. Cuanto más la leemos, más de su imagen reflejamos (2 Corintios 3:15-18).
- Leer la Biblia nos revela nuestros derechos, responsabilidades y los beneficios del pacto de sangre. Nuestra relación con el Señor se hace más fuerte y más íntima.

Cuanto más leemos la Biblia, nos convertimos en mejores testigos, y adquirimos más discernimiento para derrotar a las fortalezas del enemigo. La Palabra de Dios es descrita como agua viva (Juan 4:10). Limpia y purifica cuando se aplica a nuestro espíritu, alma y cuerpo. Nos convertimos en agentes de cambio y transformación en las vidas de otros, así como en la nuestra.

A medida que aprendemos a leer y entender la Palabra de Dios, más fuerte y más audaz se va haciendo el espíritu del hombre. "Ninguna arma forjada contra ti prosperará" (Isaías 54:17).

Nos convertimos en templo del Espíritu Santo

Una vez que somos salvos, nos convertimos en el *templo del Espíritu Santo*. El Espíritu Santo de Dios ahora reside dentro de nosotros (1 Corintios 6:19-20). Esta es una asombrosa verdad y responsabilidad. Todo lo que hacemos, pensamos y decimos afecta nuestra relación. Ya nunca más somos nuestros. Tenemos que aprender a dar gloria a Dios en nuestro cuerpo. Este es el pacto de Dios con nosotros. Un pacto es un acuerdo legalmente vinculante, un contrato, una promesa mutua, y un compromiso.

El Padre Dios quiere que nuestro entendimiento y nuestro corazón se llenen de luz para que podamos comprender la esperanza a la que fuimos llamados y nuestra herencia gloriosa en Cristo. No hay límite a su poder en nosotros. Su grandeza es inconmensurable e indescriptible (Efesios 1:18-19).

Mi intención era escribir unos pocos párrafos sobre el milagro de la salvación en este capítulo. Pero a medida que profundizaba en el tema, me di cuenta de que no todos los cristianos son conscientes del precioso don del Espíritu Santo, ni de las implicaciones de que un poder tan grande y temible esté en nosotros. Como dije al principio, la salvación es una *Persona*, no solo una oración de compromiso. Cristo se ha intercambiado por nosotros en esta relación de pacto al convertirse en el sacrificio y el don. Nuestra oración invita a la persona de Jesús y a la persona del Espíritu Santo a nuestro corazón. Y claro, ¡eso es formidable!

En el momento en que nos convertimos en hijos e hijas, Dios envía a nuestros corazones su Espíritu Santo, clamando: ¡Abba Padre! Este es un evento sobrenatural, milagroso. (Vea Gálatas 4:6, 1 Juan 3:24, 4:13; 5:6.)

Nuestra obligación

No es raro que muchos cristianos no sean conscientes de que sus éxitos y las puertas de bendición que se les abren son el resultado de su relación de pacto y de estar firmes ante Dios. Muchos consideran que es su propio intelecto, trabajo duro y disciplina personal. Tenemos que alinear nuestro pensamiento con la verdad y creer que Dios dirige los pasos de sus hijos *obedientes* (Salmos 37:23, Proverbios 16:9).

Es nuestra obligación y deber mantenernos todos los días en contacto con el Espíritu Santo y alimentarnos de la Palabra de Dios. No hay otra fuente que pueda compararse con la sabiduría y el poder de sus páginas. Si la Biblia fuera el único libro disponible para leer en todo el mundo, probablemente estaríamos viviendo en un mundo dominado por el amor de Dios, la abundancia y la paz.

> Cada palabra que Dios pronuncia tiene poder y tiene vida. La Palabra de Dios es más cortante que una espada de dos filos, y penetra hasta lo más profundo de nuestro ser. Allí examina nuestros pensamientos y deseos, y deja en claro si son buenos o malos.
>
> —Hebreos 4:12, TLA

Aprendí de memoria esta escritura años atrás, cuando escuché el testimonio de un amigo pastor que vino de visita a nuestro hogar. Él describió cómo le había sido diagnosticado un cáncer en sus pulmones, y su médico le dijo que sería una operación muy delicada y costosa, sin garantía de que se pudiera detener la enfermedad. Cuando compartía su experiencia, su voz se hizo más fuerte y la emoción fue muy evidente en su rostro. Confesó que no tenía seguro médico ni manera de obtener la gran suma de dinero necesaria.

En su noche, de rodillas, desde el fondo de su corazón clamó a Dios por misericordia. Tres días más tarde, después de pasar muchas horas en su oficina privada, abrió la Biblia en Hebreos 4:12. Este versículo se hizo *vivo y lleno de poder* para él. Se tendió en el suelo, tomó su Biblia y la colocó sobre su pecho, declarando:

> *"Padre Dios, la Biblia declara que tu Palabra es viva y llena de poder y que es más cortante que una espada de dos filos, que penetra en la línea divisoria de mi alma y espíritu, y entre mis coyunturas y mis tuétanos,*

y examina los pensamientos y propósitos de mi cora-
zón. Ahora me entrego a ti y creo que tu Palabra está
entrando entre mis coyunturas y mis tuétanos y sanan-
do mis pulmones, erradicando el cáncer y efectuando
un milagro en mi cuerpo, ahora mismo, en el nombre
de Jesús, ¡Amén!".

Nada sucedió inmediatamente. Se quedó dormido en el sue-lo, y cuando despertó estaba respirando con normalidad y sin dificultad. Rápidamente se examinó a sí mismo, saltó hacia arriba y abajo, y no sintió el dolor o falta de aliento de costumbre. Corrió sin esfuerzo escaleras arriba y abajo ¡y se dio cuenta que había sido sanado! Inmediatamente se contactó con su médico que, con incredulidad total, lo diagnosticó libre de cáncer. Yo realmente desearía poder documentar este milagro con el informe de un médico y un documento firmado de este hermano. Pero esto ocurrió hace mucho, en mis años de adolescencia, y no tengo ni idea de donde estará hoy este pastor. Él era un amigo de la familia y un hombre muy honorable. Solo su familia y amigos cercanos sabían que tenía cáncer. Todo lo que puedo decir es que eso dejó una impresión duradera en mi mente y espíritu. De inmediato memoricé esta escritura, y hasta el día de hoy, pongo mi Biblia sobre mi pecho y declaro que estoy curada. He visto el poder de Dios liberarme de muchos ataques del enemigo sobre mi vida.

¡Su obligación y la responsabilidad como hijo de Dios es confiar en Dios, creer en su Palabra, y tener fe en que lo que Él promete, lo hará! Debemos aprender a tener absoluta confianza y creer en su poder, sabiduría y bondad. Es solo por medio de su Espíritu que tenemos acceso a todos los beneficios del pacto de sangre (Hebreos 10:15-19).

El poder de Satanás se anula cuando enfrenta a un obediente hijo de Dios. Satanás reconoce el sello del Espíritu Santo sobre una persona. La parte triste de todo esto es que muchos maravillosos cristianos no entienden todas estas verdades. Cuando

Satanás viene a disparar un dardo de fuego de duda e incredulidad, un cristiano desinformado puede ser fácilmente derrotado por el enemigo.

La Biblia dice: "Mi pueblo fue destruido porque le faltó conocimiento" (Oseas 4:6). Note que dice "mi pueblo": el pueblo de Dios que acepta ser salvo y confiar en Dios con todo su corazón. Usted tiene la obligación y el deber de alcanzar conocimiento y comprensión de una salvación tan grande y de su relación de pacto. Porque Dios lo amó y apreció a usted tanto que dio a su Hijo Jesús como sacrificio para redimir sus pecados (Efesios 3:15-21; Filipenses 4:13, Juan 3:16).

El poder del Espíritu Santo en nosotros

> Pero cuando venga el Espíritu Santo sobre ustedes, recibirán poder y serán mis testigos tanto en Jerusalén como en toda Judea y Samaria, y hasta los confines de la tierra.
>
> —Hechos 1:8, NVI

Preste mucha atención a este versículo, porque revela una verdad tremendamente poderosa. Se nos promete que el poder del Espíritu Santo morará en nosotros para ser testigos de Dios en la tierra y tener autoridad sobre toda fuerza del enemigo.

¿Cuál es el poder del Espíritu Santo?

Es el mismo *poder* que moró en Jesucristo como hombre en la tierra. El mismo poder que sanó a los enfermos y operó milagros, echó fuera demonios, y liberó a los cautivos. El mismo poder que resucitó a Cristo Jesús de entre los muertos. Es el mismo poder que convirtió el agua en vino y multiplicó el almuerzo de un niño para alimentar a miles de personas. ¡Alabado sea Dios!

Una de las grandes funciones del Espíritu Santo es enseñarnos todas las cosas pertinentes al reino de Dios y el propósito de nuestra existencia. Él dirige una parte importante de nuestras vidas cuando guardamos los mandamientos de Dios. A través del bautismo del Espíritu Santo Dios nos da el poder para hacer su voluntad y vivir una vida victoriosa.

El bautismo en el Espíritu Santo es el *poder* (*dúnamis*) del cristiano. Es la dinamita que enciende el alma con valentía para guerrear en el reino espiritual.

Las lenguas que se describen en el día de Pentecostés son un lenguaje que el Espíritu Santo entiende. Cuando oramos en el Espíritu, tenemos acceso a Dios en un lenguaje celestial. Satanás no entiende este lenguaje. Nosotros no entendemos este idioma, pero el Espíritu Santo sí. Es el Espíritu de Dios quien ora por nosotros cuando más lo necesitamos. Hay momentos en los que oro y realmente no sé cuál será el resultado de la situación por la que estamos orando. Pero el Espíritu Santo es sabio, y como nuestro ayudador e intercesor, ora a través de nosotros en un lenguaje celestial. Eso es muy reconfortante y tranquilizador. Hay una paz que tomará nuestra mente y nuestro espíritu.

Me encanta la forma en que lo describe en Judas versículo 20:

> Ustedes, en cambio, queridos hermanos, manténganse en el amor de Dios, edificándose sobre la base de su santísima fe y orando en el Espíritu Santo, mientras esperan que nuestro Señor Jesucristo, en su misericordia, les conceda vida eterna.

Fui bautizada en el Espíritu Santo siendo adolescente y nunca he dejado de orar en el Espíritu. Se ha convertido en un hábito que valoro, protejo y practico, sobre todo cuando necesito ayuda en una situación que está más allá de mi control. Hay una sensación de paz cuando la situación es entregada al Espíritu Santo. Mis preciosas madre y abuela oraban en el Espíritu constantemente. Vieron muchas fortalezas y planes malignos del enemigo ser destruidos ante sus ojos.

Existen muchos atributos del Espíritu Santo. Nuestro conocimiento de ellos nos ayudará a comprender el tremendo rol del Espíritu Santo en nuestras vidas. Usted puede estar seguro de que Él siempre está esperando para ayudarnos. Algunos de los atributos del Espíritu Santo se enumeran aquí:

Maestro (Lucas 12:12, 1 Juan 2:27)
Auxiliador (Juan 15:26)[a]
Guía (Juan 16:13)
Consolador (Juan 14:26; 15:26)
Consejero (Juan 14:26; 15:26)[a]
Intercesor (Juan 14:26; 15:26)[a]
Abogado (Juan 14:26; 15:26)[a]
Fortalecedor (Juan 14:26; 15:26)[a]
Relevo (de Cristo) (Juan 14:26; 15:26)

No debemos descuidar el gran don de Dios del Espíritu Santo para nosotros. Dios está envuelto en cada aspecto de nuestras vidas. Si descuidamos alimentar y proteger esta relación sagrada, el enemigo tomará ventaja de nosotros. En lugar de vivir en absoluta libertad y abundancia, vamos a terminar viviendo en constante falta y derrota. El Espíritu Santo es nuestro ayudador y nuestro maestro y no hay nada que sea demasiado difícil para Él.

El pacto eterno de Dios

El pacto de Dios con nosotros es eterno y absoluto y no puede ser violado (Salmos 89:34). Depende de nosotros entrar en este pacto o rechazarlo. Es solo a través del eterno pacto de sangre como tenemos acceso al trono de Dios. El perdón, la sanidad, la paz, la provisión, el refugio, la sabiduría, el conocimiento, la comprensión, el discernimiento y la vida eterna, son solamente algunos de sus beneficios.

Cuando una persona realmente entiende el significado de nuestra gloriosa y magnífica herencia en Cristo, esa persona nunca dejará de servir y amar al verdadero Dios viviente.

Los demonios no huyen porque gritemos en voz alta el nombre de Jesús. No tiemblan porque movamos los brazos, gritemos o hablemos en lenguas. No es nuestra emoción lo que hace que los demonios huyan, *sino nuestra relación con Jesucristo.*

Pero respondiendo el espíritu malo, dijo:

A Jesús conozco, y sé quién es Pablo; pero vosotros, ¿quiénes sois?

—Hechos 19:15

Desde el inicio de nuestra relación de alianza, Dios estableció esta promesa: "No importa lo que el enemigo trata de infligirte, yo te protegeré, y seré tu fuerza y tu refugio. Mi mano derecha te librará y te llevará por encima de tus enemigos".

Una y otra vez leemos en la Biblia las promesas de que Dios nos protegerá de todo mal y nos animan a usar nuestra autoridad en el nombre de Jesús.

Jehová es mi fortaleza y mi escudo;
En él confió mi corazón, y fui ayudado,
Por lo que se gozó mi corazón,
Y con mi cántico le alabaré.
Jehová es la fortaleza de su pueblo,
Y el refugio salvador de su ungido.
Salva a tu pueblo, y bendice a tu heredad;
Y pastoréales y susténtales para siempre.

—Salmo 28:7-9.

Oraciones y declaraciones

El apóstol Pedro dijo:

> Así que, arrepentíos y convertíos, para que sean borrados vuestros pecados; para que vengan de la presencia del Señor tiempos de refrigerio, y él envíe a Jesucristo, que os fue antes anunciado.
>
> —Hechos 3:19-20

Oración de rededicación

Padre celestial, hoy estoy haciendo una sincera decisión de volver a dedicar mi vida a ti. Te entrego mi corazón, todo mi ser y todo lo que soy. Me acerco sinceramente a ti y te doy gracias por haberme aceptado y por ayudarme a recuperar lo que el enemigo me ha robado. Por favor, perdona todos mis pecados e iniquidades. Padre, ahora elijo perdonar a todos los que han pecado contra mí. Recibo tu amor y tu misericordia. Gracias por guiar mis pasos y concederme un nuevo comienzo. Ayúdame a cambiar las cosas que puedo cambiar y a permitirte que transformes lo que no puedo cambiar. Rindo mi vida a ti. Te amo, mi Señor y Salvador. En el nombre de Jesús, amén.

Oración para recibir a Jesucristo como Señor y Salvador

La Biblia dice que si usted confiesa con su boca que "Jesús es el Señor", y cree en su corazón que Dios le levantó de los muertos, será salvo. Porque con el corazón cree para ser justificado, pero es con la boca que confiesa para ser salvo (Romanos 10:9-10).

Para recibir a Jesucristo como Señor y Salvador de su vida, diga de todo corazón esta Oración para Salvación:

Señor Jesús, quiero conocerte personalmente. Gracias por morir por mí en la cruz para redimir mis pecados. Abro la puerta de mi vida y mi corazón y te recibo como mi Señor y Salvador. Gracias por perdonar todos mis pecados y darme vida eterna. Por favor, toma el control de mi vida y ayúdame a superarme. En el nombre de Jesús, amén.

Oración para ser lleno del Espíritu Santo

Kenneth Copeland lo explica de esta manera:

Usted recibe el bautismo en el Espíritu Santo por fe. Jesús dijo en Lucas 11:13: "Pues si vosotros, siendo malos, sabéis dar buenas dádivas a vuestros hijos, ¿cuánto más vuestro Padre celestial dará el Espíritu Santo a los que se lo pidan?" Cuando lo pide con fe, el Espíritu Santo viene a morar en usted. Y cuando usted está lleno del Espíritu Santo, como en el libro de los Hechos, habla en lenguas…

El Espíritu Santo fue enviado para ser nuestro Ayudador. Así que cuando usted ora en lenguas, lo que realmente sucede es que el Espíritu Santo busca en su corazón y ora a través de usted la perfecta voluntad de Dios (Romanos 8:26-27). Usted en realidad dice verdades secretas y cosas ocultas que no son evidentes a la comprensión de su mente (1 Corintios 14:2).[3]

Si usted realmente desea recibir el Espíritu Santo como su ayudador en su vida, diga esta oración y créala sinceramente en su corazón:

"Padre celestial, soy un creyente. Soy tu hijo y tú eres mi Padre. Jesús es mi Señor. Creo con todo mi corazón que tu Palabra es verdad. Tu Palabra dice que si lo pido, voy a recibir el Espíritu Santo. Así, en el nombre de

Jesucristo, mi Señor, yo te pido que me llenes a rebosar con tu precioso Espíritu Santo. Jesús, bautízame en el Espíritu Santo.

"Por tu Palabra, yo creo que lo recibo ahora y te doy gracias por ello. Creo que el Espíritu Santo está dentro de mí y, por fe, lo acepto. Ahora, Espíritu Santo, levántate dentro de mí mientras alabo a Dios. Estoy totalmente expectante de hablar en otras lenguas, como tú me des."

Ahora comience a dar sonido a las expresiones de su corazón. Hable y escuche al Espíritu Santo que habla en usted. ¡Alégrese! Acaba de ser bautizado en el Espíritu Santo! Usted ha sido investido de poder, ¡aleluya![4]

Oración de compromiso

Señor, me entrego a ti. Por favor, acepta todas las facetas de mi vida, y úsame para tu honor y tu gloria. Quiero conocerte más íntimamente, amarte y obedecer tu Palabra. Estoy dispuesto a hacer tu voluntad y a dar la espalda a todas las cosas que me roban tiempo de calidad contigo. Hoy ratifico mi amor por ti, mi Dios. Gracias por la sabiduría, el conocimiento y el entendimiento. Hoy me comprometo a servirte con todo mi corazón. En el nombre de Jesús, amén.

Una última oración

Padre, apenas me atrevo a orar,
Tan claro veo, ahora ya está hecho,
Que he desperdiciado la mitad de mi día,
Y dejé mi trabajo apenas empezado.
Tan claro veo que cosas que pensé
Ser correctas o inofensivas, eran pecado;
Tan claro veo que he buscado,

Inconscientemente, metas egoístas para ganar.
Tan claro veo que he herido
Las almas que podría haber ayudado a salvar,
Que he sido negligente, inerte,
Sorda a los llamados que tus líderes hicieron.
En las afueras de tu vasto reino,
Padre, dame el más humilde lugar;
Dame la tarea más humilde que tengas;
¡Permítanme, arrepentida, trabajar para ti![5]

—Helen Hunt Jackson

Nota a la traducción:
[a].La palabra que en castellano suele traducirse Consolador (Juan 14:26; 15:26),
en el original griego parákletos (Strong G3875), significa *intercesor, consolador,*
abogado. Tuggy consigna: *intercesor, auxiliador, consolador.*

Notas

Capítulo 1: El milagro de la transformación del alma

1. Jacqueline Hurtado, "Superintendent: All of L.A. School's Teachers to Be Replaced," *CNN Justice*, 6 de febrero de 2012, www.tinyurl.com (consulta en línea el 5 de junio 2012).

2. "Authorities: Powell Planned Deadly Fire for Some Time," www.seattlepi.com (consulta en línea el 5 de junio 2012).

3. Jennifer LeClaire, "Prophetic Word for 2012", 29 de diciembre de 2011, www.charismamag.com (consulta en línea el 5 de junio 2012).

4. F. F. Bosworth, Cristo el sanador (Baker Publishing Group).

Capítulo 2: El milagro de la liberación del mal

1. "Santa Muerte", las estadísticas citadas en Wikipedia provienen de Araujo Peña, Sandra Alejandra, Barbosa Ramírez Marisela, y otros: "El culto a la Santa Muerte" (en español), *Revista Psicología* (Universidad de Londres), www.udlondres.com (consulta en línea el 6 de junio de 2012).

2. J. Lee Grady, Whitney Houston y la callada vergüenza de la adicción, 15 de febrero de 2012, www.charismamag.com.

3. Bill Johnson: ¡Usted tiene el poder!, revista *Charisma*, marzo 2012, www.charismamag.com (consulta en línea el 6 de junio de 2012).

4. "Alyssa Bustamante Verdict: 'Thrill Killer' Gets Life With Possible Parole For Killing 9-Year-Old Elizabeth Olten," *Huff Post Crimen*, 2 de agosto de 2012, www.huffingtonpost.com.

Capítulo 3: Acciones que producen milagros y sanidades

1. Open Thesaurus-es http://openthes-es.berlios.de.

2. Daniel P. Sulmasy: ¿Qué es un milagro?, Southern Medical Journal, vol. 100, núm. 12, diciembre de 2007.

3. Esta sección está adaptada de mi testimonio en *Satanás, ¡mi matrimonio no es tuyo!*, Casa Creación.

4. Joan Hunter, Manual de sanidad integral para el hombre (Whitaker).

Capítulo 6: El mayor de los milagros: nuestra salvación

1. Marilyn Hickey, Efesios: Tomando su posición de victoria, bosquejo de Marilyn Hickey Ministries, 1991.

2. Adaptado de Iris Delgado, *Satanás, ¡mis hijos no son tuyos!*, Ed. Vida.

3. Kenneth Copeland: ¿Cómo recibir el bautismo en el Espíritu Santo?, *Kenneth Copeland Ministries*.

4. Ibíd.

5. El último poema de Helen Hunt Jackson citado en *Taking Hold of God*, de Samuel M. Zwemer, (Zondervan Publishing House).

Datos de contacto

IRIS DELGADO Y su esposo, John Delgado, son oradores y profesores que se especializan en la familia, el matrimonio, la paternidad y el liderazgo en conferencias y seminarios. Puede escribirles por correo electrónico o visitar sus sitios web para más información.

Correo electrónico:

info@crownedwithpurpose.com

Sitios Web

www.crownedwithpurpose.com

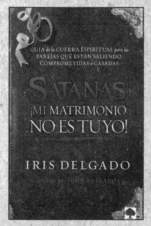

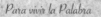 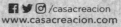

Te invitamos a que visites nuestra página web, donde podrás apreciar la pasión por la publicación de libros y Biblias:

www.casacreacion.com

Para vivir la Palabra